首都法学教育研究（7）

主　　编　李长城
编委委员　（按姓氏笔画为序）
王德山　米新丽　李长城
李晓安　张世君　金晓晨
周序中　郑文科　高桂林
喻　中　焦志勇　谢海霞

对外经济贸易大学出版社
中国·北京

图书在版编目（CIP）数据

首都法学教育研究. 7 / 李长城主编. —北京：对外经济贸易大学出版社，2018.9

ISBN 978-7-5663-1962-3

Ⅰ. ①首… Ⅱ. ①李… Ⅲ. ①法学教育–研究 Ⅳ. ①D90

中国版本图书馆 CIP 数据核字（2018）第 188495 号

首都法学教育研究（7）

李长城 **主编**

责任编辑： 汪友年

对外经济贸易大学出版社
北京市朝阳区惠新东街 10 号 邮政编码：100029
邮购电话：010－64492338 发行部电话：010－64492342
网址：http://www.uibep.com E-mail：uibep@126.com

北京九州迅驰传媒文化有限公司印装 新华书店经销
成品尺寸：170mm×240mm 10.25 印张 166 千字
2018 年 9 月北京第 1 版 2018 年 9 月第 1 次印刷

ISBN 978-7-5663-1962-3
定价：40.00 元

——序——

《首都法学教育研究》即将确定连续出版，编者希望我为它作一篇序。既然是为一本专事法学教育研究的辑刊作序，我愿借此机会，谈谈法学教育的目标。

法学教育的目标是什么？一个最简明的回答是：培养卓越的法律人才。最近，随着一批卓越法律人才培养基地的正式出炉，卓越法律人才再次成为法学教育界的一个热词。在这样的背景下，法学教育的研究者也许应当思考一个问题，卓越法律人到底是一种什么样的人？卓越法律人到底应当具备什么样的素养？更形象地说，卓越法律人的肖像有什么样的特征？我想，也许只有把卓越法律人的肖像描述清楚之后，我们的法学教育才可能有的放矢地培养出值得期待的卓越法律人。在我看来，卓越法律人的肖像大致可以从以下四个方面来描绘。

首先，卓越法律人应当内外兼备：既掌握法律内部的知识，也掌握法律外部的知识。所谓法律内部的知识，就是由若干法学专业课程所承载的知识。所谓法律外部的知识，主要是指与法律事务相关联的其他领域的知识，譬如经济学、政治学、社会学等方面的知识。多年来，当代中国的法学院主要侧重于传授法律内部的知识，这当然是必不可少的。然而，一个卓越的法律人，仅仅具备法律内部的知识是不够的。因为，法律知识虽然是一个相对独立的知识体系，但与法律知识对应的社会现象却不是独立的、更不是孤立的，而是与其他社会现象密不可分的。譬如金融法学知识，就不是一种单纯的法律知识，金融法学知识本质上是关于金融活动规则的知识。如果不懂金融，怎么可能成为金融法领域的卓越法律人？同样的道理可以适用于任何一个具体的法律部门。正是在这个意义上，卓越法律人必须兼备法律内外的知识。因此，当代中国的法学院要培养卓越法律人，除了为学生提供足够的法律内部的知识，还应当为学生提供足够的法律外部的知识—

一那些与法律事务相关的其他领域的知识，譬如经济学、政治学、社会学等方面的知识。当代中国的法学院只有加大法律外部知识的供给力度，才能更好地造就在法律知识上内外兼备的卓越法律人。

其次，卓越法律人应当知行合一：既具备与法律有关的知识，也具备相应的行动能力。在中国文化传统中，一贯强调知行合一。有一种代表性的观点认为，仅仅是知道某个道理，但如果并不能付诸行动，并不是真正的“知”，因为“绝知此事要躬行”。按照这样的传统，一个卓越的法律人既要掌握知识，更要具备行动能力，套用马克思在《关于费尔巴哈的提纲》中就哲学家使命提出的著名论断，我们也可以说，一个卓越的法律人不仅要有“解释世界”的能力，而且还要有“改变世界”的能力。当然，卓越法律人“改造世界”的行动能力主要是与法律事务相关的能力，譬如演讲能力、沟通能力、协调能力，譬如现实感、分寸感、节奏感，特别是把事情办好、办妥、办成的能力。当前，有一些法科学子，虽然初步掌握了一些概念、原理，但是，行动能力不够。不能周到地谋划，不能事先预计事态发展的各种可能性，这就叫“知而不行”。这种在知行关系上的跛足状况，不可能支撑起一个卓越的法律人。有鉴于此，法学院应当培养学生的行动能力。为了做到这一点，法学院应当开门办学，应当把更多的学习环节从课堂搬到法庭、律师事务所等实务机构，以此把法科学子培养成知行合一的卓越法律人。

再次，卓越法律人应当智勇双全：既具备法律方面的才智、才华、智慧、知识，同时也具备正义感、道德感、伦理观念、担当精神。从理论上，我们可以把法律人的“智”解释为法律人的法理修养，我们可以把法律人的“勇”解释为法律人的伦理修养。譬如一个卓越的法官，既能够表现出超越于普通人的知识、智慧、法理修养，更要具备正义感、道德感、伦理修养。这两者是不可或缺的。如果仅仅具备“智”，也许可以成就一个娴熟、练达的“绍兴师爷”，却不大可能成为一个卓越的法律人。如果仅仅具备“勇”，也许可以造就一个莽撞的张飞，亦不大可能成为一个卓越的法律人。这就是说，有勇无智的法律人，很可能只能留下一座座荒凉的墓碑；只有智勇双全的法律人，才可能成功地树立起一座座正义的丰碑。因此，当代中国的法学教育，既要给法科学生以知识的指引，更要给他们的心灵灌注正义感、担当精神。这就是说，要从法理修养与伦理修养两个相互依赖的维度，造就智勇双全的卓越法律人。

最后，卓越法律人应当道术并重：既具备法律方面的技术、方法，也具备更高的精神追求。传统中国的主流文化重“道”不重“术”，就现代的眼光来看，这当然是一种有待矫正的褊狭，但是，我们也不能从一个极端走向另一个极端：重术而轻道，或有术而无道。因此，卓越法律人应当掌握法律之术——包括法律解释、法律推理、法律论证在内的法律操作技术。卓越法律人确实应当掌握这样的法律运行技术，掌握这种技术的法律人，可以成为法律实践中的高级技术专家。但是，对于卓越法律人，我们还应当提出更高的要求，那就是术与道并重，重术而不轻道。这里的道，可以理解为中国文化传统中的天道、天理。换言之，一个真正堪称卓越的法律人，还应当表现出对于天道的追求。在这里，我想到了一些道术并重的卓越法律人的典型代表，譬如卡多佐、霍姆斯，他们既是办案能手，同时还是法哲学家。他们既精通法律操作技术，同时还对人类的精神世界有着精致入微的理解。他们道术并重，代表了卓越法律人的理想境界。

以上就是我所勾画的卓越法律人的肖像——内外兼备、知行合一、智勇双全、道术并重。培养这样的卓越法律人才，应当成为当代中国法学教育的目标；研究如何培养卓越的法律人才，应当成为法学教育研究的任务。

喻　中

首都经济贸易大学法学院院长

2012年2月

目　录

法学人才培养研究

法学教学方法与实践教学

法律职业教育探讨

其　他

法学人才培养研究

法学新生必须厘清的学习观念

郑文科*

摘　要　法学本科新生应当明确大学阶段学习与高中阶段学习存在的根本区别，这样有利于其实现大学学习的目标。大学和高中的学习，在学习目的、学习方法、教师作用、教材运用、考试意义诸方面都有根本区别，对于法律课程的学习而言，记忆、理解、分析、创新是一个不断上升的过程。

关键词　本科新生　学习观念　区别

法学本科新生刚刚从高中紧张繁重的学习任务中解脱出来，基本上实现了高中学习的目标，此时他们怀有无限的喜悦。法学专业的本科新生，在高中阶段基本上也都是优秀的学生，已经具有了良好的学习习惯。但是，其原来所养成的学习习惯有很强的针对性——为了高考，就是以应试为目的，这是中国高中阶段教育的共性。只要能考上大学，特别是知名大学，高中教育就成功了。所以，高中阶段的学生，其基本的学习目的都是为了参加高考，老师的讲课内容也是围绕高考而定的。虽然高中教育也在改革，希望从应试教育向素质教育转变，但这是非常漫长的过程，目前只是在极少数学生身上实现。基于我国目前社会阶层流动的现实，短期内高中阶段应试教育的基本目的是不会发生根本改变的。

但是大学教育的目的绝对不同于"应试"教育，虽然也会看到有学生从大一开始就立志要考研、考博，但这只是其个人的目标，是其个人的志向，并非高等教育的目的。大学教育着眼于学生将来的社会生活和个人生活——提升个人修养和生活品位；通过传授知识技能使学生能够符合社会需求，在社会上谋得较稳

---

* 郑文科，法学博士，首都经济贸易大学法学院副教授。

定的工作，取得稳定的收入，从而使自己过上比较体面和有尊严的生活。

基于教育目的的根本区别，刚刚从高中步入大学的法学专业新生，应当明确大学的学习目的、学习方法、教师作用、教材运用、考试意义等方面与高中的差异，这对于尽早适应大学学习、实现大学教育的目的是很有必要的。

一、学习的目的

高中生学习的目的主要是为了高考成功。高考是国家人才选拔的重要渠道之一，对个人而言，也是实现社会阶层流动、改变自己命运、谋求将来良好生活的最有效、最可靠的渠道。对于自己命运的把握程度而言，高考是最好的渠道，因为在一般情况下，通过自己的努力就可以决定自己的未来。学校和家长的反复说教使得学生对高考的重要性早就深谙于心。

对于法学专业的大学新生而言，其人生的重要目标之一就是考上大学。有些大学新生在进入大学后就会感到迷惘：我还不停地努力学习的目的和意义何在？我还需要努力学习吗？在大学认真学习还有用吗？此时大学新生就要厘清一个非常重要的观念：大学学习的目的。大学学习的目的着眼长远：既关系到将来的就业（社会需求），也影响到将来的生活（个人需求）。通过在大学学习专业知识，培养自己的专业技能，为将来的就业寻得一些优势；通过学习更加广泛的知识，提升自己的品位，提升自己的修养和人生的境界，为自己将来过一种有品位、有修养、有尊严的生活打下知识基础，并使自己具备取得一定物质财富的能力基础。大学学习的根本目的不在于考试，考试只是对自己专业知识水平的检验方式而已，也不在于将来继续攻读硕士和博士学位，因为绝大多数学生本科毕业就走向了社会，参加工作，过上独立自主的生活。

二、学习方法和老师在学生学习中的作用

在高中阶段，高考基本上是教育的唯一目的，学生、家长、学校和任课老师都围绕此目的进行分工与合作。这就决定了高中生的学习，是学生、家长、老师和学校共同协力完成的事情。在高中阶段的教学主要是以老师的讲解、学生的记忆以及学生反复复习、反复强化考试的为主。学生对知识的记忆和运用是通过考试来实现的，学习过程中，老师和学生是同在一条船中的“命运共同体”。

但是在大学教学中家长的作用无从显现，老师“传道授业解惑”的基本职责在大学教育中也有所变化，老师、学校和学生在大学教学中的各自角色与高中完全不同。第一，在大学教学过程中，老师所发挥的作用较小。老师的作用在于帮助学生理解知识，了解最新的知识，在教学过程中，老师和学生并不是一条船上的“命运共同体”。第二，在大学教学过程中，几乎不是通过考试来强化学生对知识的掌握。考试不再是学生学习的一种方法，而是对其学习成果检验的一种方法，而在高中，考试是高中生学习的一种重要方法。第三，在高中学习过程中，学生的学习多是被动式的。面对高考的压力，老师对高考的考试内容比学生清楚得多，因此学生所学习的内容都是来自老师的传授，学生在获得知识的过程中主要是被输入者。而在大学学习过程中，学生的学习是主动式的，每学期的期末考试对学生的压力并不大。很多学生在学习过程中，广泛选修其他专业课程，他们并不是仅仅为了修满学分，很大程度上还是为了多学习各方面的知识。除了一般性的选修课程外，还有很多大学生辅修第二专业、攻读第二学位，参加各种社团、各种竞赛活动来锻炼自己等。第四，教学方式的多样性。高中课堂上以老师为主导，老师讲什么，学生听什么；而大学课堂是以学生为主导的，学生成为课堂上的主导者，学生需要听什么老师就讲什么，翻转课堂、互动式教学等是大学教学中的常态样式。第五，现代大学教育中教师要将“立德树人”放在尤为突出的地位，这是重中之重。

三、学习的知识内容——教材与学习知识的关系

在高中学习中，所有的课程都有教材，而且是固定的教材，因为教材中承载了高考的基本考核知识。特别是在我国高考考试内容全国不统一的情况下，高中所选用的教材就更加重要。因为是固定的教材（对应的是每一个考区高考的考题范围），所以学生所学习的知识的范围有限，几乎都是与考试相关的内容。虽然国家在努力从应试教育向素质教育转变，但是在目前主要通过高考选拔人才的客观环境下，要求学生在高考完成之前自主选择学习的知识内容并不现实。

但是，在大学教学中，学生所学习的知识层面与高中阶段具有三个明显不同。一是在大学的学习过程中，教材并不是必需的。大学的学习，虽然也涉及专业性基础知识，但是由于相关知识处于基础性和研究性之间，不同的人有不同的看法，

相同的知识在不同的教科书中的表述也可能存在较大的差异，因此有许多专业课程的学习并没有固定的教材，甚至很多大学的专业课程从来都没有教材，任课老师也只是向学生推荐参考性的教材。从内容上看，基本上任何一本教材都不可能涵盖老师课堂上所讲的全部内容。对于很多通识教育的选修课程而言，更是不可能有统一的教材。二是即使使用教材，也并不是固定的一个版本。以法律专业为例，由于其所具有的“与时俱进”的特性，任何一部法律的修订或者制定都必然涉及教材相关内容的变化；在教材未修订时老师也要根据最新立法变动在课堂上有所体现；老师也可以基于自己对法律的认识在课堂上讲授自己的观点。三是学生学习的知识内容非常广泛，并不局限于教材。在高中阶段学生所学习的内容有极强的针对性——为了高考，与高考无关的内容不学或者少学。如高中文科与理科的会考就是为了将与高考无关的内容尽早了结，使学生专心学习与高考有直接相关性的知识。高中学生的各种课外补习班也都是针对高考内容的强化。除非是瞄准高考的特殊专业如英语、体育、绘画等外，对于一般的高中生而言，在高中三年期间还参加课外兴趣班是不可想象的事情。但是在大学的学习，其功利性不如高中那么强烈，学生可以因自己的爱好而选择学习的内容，这些内容可以与自己在大学所学专业无任何关系。法律专业的学生可以选修音乐课、美术课等任意通识课程，对于数学感兴趣的也可以选修数学。这是因为大学教育中，学生学习各种知识，既可使自己获得一种谋生技能，更能使自己通过学习提高自身修养。“开卷有益”对于大学阶段的学习来讲是真切和有效的。

四、考试的意义

高中教育中考试贯穿整个三年的学习过程，考试主要是作为学生学习的一种方式而存在。在刚刚入学的高一，分班考试在开学上课之前就已经完成，上课之后每月也都有月考，期中有期中考试，期末有期末考试；随着年级的递升，考试的频率也不断递增；到了高三，考试的频率就到了近乎疯狂的程度，直到每年六月的高考才结束。总体而言，高中的考试是学生学习的一种方式，是为了检验学生的学习效果，提升其对课程知识的理解和记忆。通过不断的考试，学生对所学知识的理解、运用和记忆不断得以提升完善，最终在高考中取得成功。而在大学，考试并不频密。一般情况下，不管是专业课程还是通识课程，从开始到结束，中间能有两次较正式的考试就差不多了；随着高等教育的改革，很多课程有一次较正式的期末考试也很难，传统的考试方式也慢慢被替代，越来越多的老师选择写小论文、进行口试或通过其他方式来衡量学生的知识和能力并给出成绩。客观上，大学课程的成绩与学生的能力和专业水平并不能划等号，考试只是为学生课程所学成绩提供一个衡量途径，是一个正当的程序而已，因为不考试就没法给学生成绩，更没办法分出成绩上的差异了。

对于刚入学的法学专业本科新生而言，只有学习观念正确，学习才能有积极性和主动性，才能在经过大学教育后既获得专业知识又能提升个人修养，既能实现个人生活的目标又能成为对国家和社会有用的人才。

多元化本科生导师制完善略论

——以首都经济贸易大学法学院为例*

李璐玲**

摘　要　本科生导师职责有别于辅导员、班主任与研究生导师，其核心在于就本科生学业展开指导。应结合学生的需求和层次及指导载体的不同，努力实现本科生导师职责的多元化：根据法学专业的学习内容和人才培养特点，分别通过科研创新、学科竞赛、毕业论文的指导，实现学生与导师之间的对接，提高指导的针对性、有效性和长效性；根据不同的指导载体，具体可以采用项目方式和课程方式开展对学生的指导。同时，对于本科生导师的来源和组织形式也应坚持多元化取向。

关键词　本科生　导师制　科研创新项目　学科竞赛　毕业论文

首都经济贸易大学法学院自 2015 年秋季学期始试行本科生导师制，至今已有两年半多的时间。通过这段时间的学习、摸索、实践及与学生和同事的交流，笔者认为，完善本科生导师制的关键在于多元化地构建与实施该制度。因此，下文将结合首都经济贸易大学法学院（以下简称“我院”）的具体情况，围绕“多元化”的主题对完善本科生导师制阐述观点，提出意见和建议。各高校法学专业办学虽各有特色，但共性的内容不在少数，因此也企望本文的思考具有一定的普遍意义。

---

*　本文系首都经济贸易大学教改项目“我校建立完善多元化本科生导师制的探索性研究：以法学院为例”的最终成果。

**　李璐玲，首都经济贸易大学法学院副教授，硕士生导师。

一、本科生导师职责的多元化

导师职责定位清晰合理是本科生导师制度运行成功的最基础条件，没有明晰准确的定位会让导师和学生都感到无所适从。而这一问题无外乎要回答“本科生导师导什么”。下面将结合我院本科生教学管理的实际情况，分两个部分阐述观点：第一，应根据学生的需求和层次，实行本科生导师职责多元化；第二，本科生导师的职责应有别于辅导员、班主任、研究生导师。

（一）本科生导师职责多元化的内涵

有论者曾指出，综合指导是本科生导师制的特点。本科生导师的职责除了负责学生的学习，协助学生安排学习计划外，还要负责学生的生活、操行和品德。[①] 对此，笔者认为尚待商榷。本科生导师的职责应区别于辅导员、班主任（下文详述），其核心职责应在于学业专业指导，引导学生了解和热爱本专业，培养学生独立思考的能力、分析解决问题的能力，成为学生修业的领路人。当然，学业指导也不可能是唯一职责，在这一过程中导师可以适当兼顾“思想开导、心理疏导、就业指导”等。

本文所指称的导师职责多元化并非指同一位导师身兼数种职责，而是指根据学生需求的不同、层次的不同、指导载体的不同等，结合导师的特点和专业特长，将导师的核心职责具体划分为不同类型，但总体而言均是学业专业方面的指导。根据导师的意愿和能力，同一导师可承担两项以上的核心职责，也可只专注于某一项职责。在此，基于我院的实际情况，结合外校的经验，对多元化的具体做法提出四点意见和建议。

第一类职责：经典阅读指导。由导师推荐经典阅读书目，包括法学专业深度阅读和通识教育阅读。以定期（如半个月一次）讨论会等形式，组织学生交流读书心得，启发、点拨大家的思维，借此培养学生独立思考、深入分析、敢于发问、勇于质疑的精神。同时，可以要求学生提交书面读书报告（每学期一篇），通过报告的批改和改后面谈，与学生进行“一对一”的交流，除了交谈具体书目的内容，还可根据学生的具体情况，对其读书规划、方法等提出行之有效的建议。这类职

① 闫瑞祥. 我国本科生导师制存在的问题及其改革［J］. 教育发展研究，2013（21）：73.

责更适合由法理学等学科基础课的教师承担，其指导的对象应以低年级学生为主。

第二类职责：专业实践指导。导师亲自带领或指导学生参与专业实践。我院开设的法律诊所课程在这一点上已有很成功的做法。由导师亲自带领学生深入司法实践，通过法庭旁听、观摩会见、协助办案等方式提高学生专业实践能力。由于其涉及导师校外资源的分享，实践中可能会有诸多不便。笔者认为更可行的方式是，由导师设立类似专业实践指导工作坊的组织，要求参与实践的学生定期到工作坊与导师面谈，以“强制”学生通过向导师发问的方式检验其实践情况，提问内容即实践中遇到的具体问题。有实践经验的教师能够通过学生的发问辨别学生是否真正参与了实践和参与的程度如何，并能以自身经验给予指导。凡校外兼职（如律师、人民陪审员）的教师适合承担此类职责。

第三类职责：学科竞赛指导。鉴于我院具有学生广泛参与学科竞赛的优良传统，因此可以把本科生导师制与学科竞赛的指导紧密结合起来，以尽早组成并磨合成为更扎实稳定的训练团队，使资源利用更充分、指导效果更突出。同时，以导师制为载体组织竞赛，可以很自然地形成上下届学生之间的“传帮带”关系，使得竞赛的传统、经验等得到很好的传承。而教师以竞赛为载体，通过指导学生解决具体的赛题，培养他们思考、分析、解决问题的能力和团队协作的精神，达到本科生导师制的目的。这类职责由目前承担学科竞赛指导任务的教师承担顺理成章。

第四类职责：科研创新指导。我校大学生科研创新已经成为成熟稳定的学生学业发展制度，我院学生向来也是积极参与的。根据目前的情况看，有两个问题：一是在指导过程中，教师与学生的沟通交流非常有限；二是项目结束后指导教师与学生即各司其事。其主要原因在于大学科研创新制度作为连接纽带不够牢实，不足以联系教师与学生，先前教师很可能并未接触过所指导的学生，仅仅是在一个项目中相遇，项目结束后就即刻分开。因此，莫不如把大学科研创新制度与本科生导师制度连接起来，让导师在指导大学科研创新项目中发挥作用。

（二）本科生导师与有关职位之职责的不同

清晰界定本科生导师职责之前，有必要厘清本科生辅导员、班主任各自的职责，将这些围绕本科生教育成长的有关主体之职责区分开来，以便更充分有效地调动教育资源，实现人才培养目标；同时也有必要明确本科生导师与研究生导师职责的不同，以明确同样作为导师的本科生导师之工作重点。

1. 与学生辅导员的不同与联系

2017 年《普通高等学校辅导员队伍建设规定》第 2 条明确指出：“辅导员是开展大学生思想政治教育的骨干力量，是高等学校学生日常思想政治教育和管理工作的组织者、实施者、指导者。辅导员应当努力成为学生成长成才的人生导师和健康生活的知心朋友。”可见，辅导员的中心工作在于学生思想引导、日常管理，工作性质属于学生管理。

我院辅导员人数虽然很少，但相关人员工作能力和工作成效却有目共睹。他们除了很好地监督、组织、协调了传统意义上的党团工作、学生会工作和社团工作，还结合学生学业发展、就业需求开展了一系列与专业学习研究相关的工作。其前者，显然不属于本科生导师的职责范围，但就后者而言，可以充分利用大学生创业项目、专业论文竞赛等学生活动的平台，发挥导师的积极作用，从而打通学生管理和学业指导之间的关系，实现共赢。

2. 与本科班主任的不同

同样，作为学生管理的主体，与辅导员相比，班主任则侧重于以班级为单位、根据行政班级的总体情况对学生进行管理和引导。根据笔者的经验及与其他担任班主任的青年教师的交流，认为本科生班主任工作主要包括两个方面：一是生活关怀和心理疏导；二是学业督促和警示。

就我院的实际情况来看，由于辅导员人数甚少、工作压力大，班主任更应当承担起与学生个别交流指导的任务；而交流指导的重点更多在于解决困难，包括生活和学业困难。这是否与导师的职责产生了重叠呢？班主任的职责重点在于帮助学生查找困难的症结、树立克服学业困难的信心；至于如何从技术上引导学生解决困难，更多的是导师的任务。

3. 与研究生导师的不同

关于这一点有专家早有论述，认为：本科生的导师与研究生的导师不同，本科生的导师更多的是引导学生从中学到大学的学习方法和思维方式的转变，为学生选择课程等提供建议。研究生的导师主要是指导科研，而且学生的研究方向与导师的研究方向也一致。本科生参与科研的目的与研究生也有所不同，研究生阶段的科研活动更主要的是要出成果，发表论文，而本科生阶段的科研活动的主要目的是让学生通过科研实践深入并巩固所学的基础知识，养成研究问题的科学方法，培养学生的科研兴趣及创新能力。[①]

二、本科生导师选任安排方式的多元化

（一）导师来源、组织形式的多元化

1. 导师来源：校内外资源的结合

从文献阅读情况看，论者普遍反映导师资源匮乏是影响我国本科生导师制运行的重要问题。就我院目前的情况看，随着制度推行适用到全部本科生，也出现了一个导师带十名左右学生的情况。面对未来较大的指导压力，应从以下几点着手解决：

第一，坚持目前学院全体在职专业课教师担任本科生导师的做法。有些高校对本科生导师进行遴选，似无必要。就我院情况而言，青年教师均具有博士学位和讲师职称，能够胜任本科生导师职责；具有多年教学经验的教师更是游刃有余。但像有论者指出的那样，确实应该从指导思想、指导方法、特长技能等角度加强对青年导师的培养。[②]

第二，争取校外导师的共同指导。我院与不少人民法院、律师事务所和行政部门建立了良好的关系，每年暑假都会有学生前去实习。如果能让校外实务专家更多、更持久地参与学生指导，效果会更加理想。当然，这并非易事，一是资源有限，需要对享受资源的学生进行选择；二是经费问题，没有长期的经费支持，校外导师的选聘也难以维系。

第三，调动退休教师的积极性。我院大部分已经和即将退休的教师都是德高望重、乐教敬业的教师，在学生中享有很高的评价，教学和科研水平都让人信服；同时，大部分退休教师也都有心有力继续发光发热；另外，他们对学院和学生的总体情况也都十分熟悉，这对开展导师工作具有重要意义。

第四，可以考虑适当选聘研究生中品学兼优的学生参与本科生导师制。特别

---

① 王杰康，丁乔珍．学分制下的本科生导师制再认识［J］．中国成人教育，2011（4）：130．

② 闫瑞祥．我国本科生导师制存在的问题及其改革［J］．教育发展研究，2013（21）：76．

是在以竞赛项目和科研创新项目为依托的导师制实践中，优秀的研究生可以带领本科生一起完成工作，在此过程中以教师无法替代的合作者身份，通过自身学习态度的示范、研究方法的展现给本科生以更真实、更令人信服的影响。

2. 导师组织：个人指导与导师组指导结合

目前，无论是我院还是其他高校的本科生导师制，基本都采取个人指导的方式，即教师与学生“一对一”组合（一个教师指导几名学生也属于这种指导方式，因为指导过程中基本上教师都是“一对一”交流，只是把“一对一”的过程重复几遍而已）。这种“一对一”的方式当然很好，是针对学生具体情况、个性特征给予的指导，具有很强的针对性，对促进学生发展具有不可替代的作用。针对上述导师资源不足的潜在问题及下文提到的多元化师生对接途径，可以借鉴某些高校的做法[①]，形成导师与学生间“一对多”“多对多”的指导形式。

在下文论及的以大学生科研创新项目和学科竞赛为载体的本科生导师制实施中，“一对多”和“多对多”似乎应当是更加重要和普遍的指导形式。就大学生科研创新而言，导师通过指导课题组成员（3—5 人）共同完成研究项目，实现导师职责，推动学生发展。这除了能够充分利用导师资源，还能够使学生之间形成互动效应，分享彼此的体验、见解和经验，实现学生跟随导师成长、学生共同成长的目标。

就学科竞赛而言，我院目前几乎一半的竞赛项目是以导师组的形式进行指导的。学科竞赛往往涉及面较广，理论上的前沿性和实践上的困惑性并存，因此由两人以上组成的导师组进行指导会更加全面深入。

（二）师生对接途径的多元化

1. 以大学生科研创新为对接途径

我校大学生科研创新是学生自发以团队形式申请项目，然后联系有关教师进行指导。指导教师的确定一般取决于学生单方面的联系，学生找上门了，基于对大家学习热情的认可和保护，教师一般也不会“挑剔”项目的人员组成和研究门类。但这样往往可能造成“不对接”的局面，包括项目要求与学生能力和态度的

① 李福英，张世英. 大类培养本科生导师制：路径、成效与困境——以长沙学院为例 [J]. 中国成人教育，2012（22）：60.

不对接、研究门类与教师特长的不对接。另外，针对前述大学生科研创新项目下教师与学生关系的薄弱性与临时性，建议可以采取如下措施，将本科生导师制与大学生科研创新制度有机结合起来。

首先，由有意做项目负责人的学生申报科研选题，学院根据申报情况整合确定选题后由教师根据个人教学研究专长选择指导的项目；而后由教师和项目负责人一起选择项目小组成员，以 3—5 人为宜。由此开始，该教师即是该小组成员的导师，以研究项目为载体给学生传授学科研究的基本方法和思路。

其次，由于一般的研究项目都不可能是一个项目即穷尽所有相关问题，只不过是把某一个或几个问题研究清楚，因此，可以大学生科研创新作为“引子”，在项目结题后，继续引导学生进行同主题或相关领域的研究，作为学生本科毕业论文的选题甚至是某些学生进一步深造的研究方向。

最后，通过对大学生科研创新项目的接触和了解，导师可以选择兴趣浓、能力强的学生加入自己的科研课题中协助完成部分工作；还可以经过深入的了解和磨合，根据师生双方的选择，双方将继续在学生读研期间保持指导与被指导的师生关系。

2. 以学科竞赛为对接途径

目前，我院的做法是学科竞赛前由带队老师为本竞赛挑选学生，竞赛结束后队伍解散。同前述大学生科研创新的问题一样，这样的组队和指导方式都是“一事一时”的，指导的深入性和持久性都不强，因而在全面培养学生能力上显得火候不足。笔者作为学科竞赛的指导教师，几年下来有两点很深的体会：一是虽然赛题每年各不相同，但对于学生知识和能力的要求如出一辙，甚至所适用的条约条款都相差无几；二是每年赛题的核心关注点也都是在理论和实践中有争议的问题，其赛题除了做比赛之用，也可以做课题和论文研究之用。鉴于这样的状况，建议将学科竞赛和本科生导师制结合起来。

首先，由承担学科竞赛指导任务的教师提早一个学期左右（大二上半学年或下半学年，根据竞赛的不同决定）选定竞赛人员。在训练的初期阶段，通过阅读由导师指定的书目、文献和条文进行基础知识的补充和能力的强化。赛题公布后主要针对赛题开展问题导向性的训练。

其次，前述这些都是“为了比赛”所做的工作；竞赛结束后，应当由导师引导学生进行“延伸比赛”的工作。一是总结竞赛的经验教训，以书面的形式予以记录，以方便学弟学妹更上一层楼；二是将赛题中的问题进行更深入的研究，以期产生论文甚至产生项目（大学生科研创新等）的成果，从而真正达到“以赛促学，以赛促练”的期望值。

最后，这种通过竞赛进行对接的方式适用面较小，只适用于学有余力、学习能力强的少数学生，而且这部分学生往往还会选择继续深造，因此，更有必要保持学科竞赛影响的延续性和稳定性。还须将学科竞赛与导师制联系起来，由竞赛指导教师成为其学业导师，以促其更深入地研究整个法学知识。对于这部分学生而言，扩大并保持学习兴趣和热情，则具有相当积极的意义。

3. 以本科毕业论文为对接途径

与前述大学生科研创新和学科竞赛不同，学生在毕业论文写作中与教师对接的时间比较晚，根据我们学校的情况，一般都在大四上半学期期末。这也从一个侧面凸显了下列这种方式的价值，即通过大学生科研创新和学科竞赛由导师对接学生，进而带领学生进行深入研究从而形成毕业论文。但这毕竟不是所有学生都会参与大学生科研创新和学科竞赛的方式，因此以本科毕业论文为载体的师生对接方式也有探讨的必要。针对目前本科毕业论文写作指导中存在的问题，笔者认为可以通过将其融入本科生导师制作如下改进。

首先，具体论文选题可以不急于确定，但关于论文写作方法、研究思路等应尽早纳入指导范围。可通过开设有关课程、组织小规模讨论等形式，依托论文竞赛、学生沙龙等载体，由教师提早（比本科毕业论文写作早一学年）进入对学生学术论文写作的指导中去，也借此培养学生勤于思考、独立思考、辩证思考的精神，让学生通过毕业论文环节实现专业研究能力质的飞跃。对接时间较长的稳定的导师制一定会成为这种良好结局的有益助力。

其次，同一或相似题目应当尽可能由同一导师指导。比如前两年我院同一届本科毕业生中有大概三四人选择“新闻自由与社会责任”相关法律问题作为题目，由不同导师进行指导。针对此种情况，最好利用相对集中的导师资源以使教师指导更加方便也更加深入，可以引导不同的学生对同一个题目的不同侧面进行研究。文献的搜集阅读、研究的背景知识甚至研究的方法均会有一定的交叉共性，而具体的研究思路、论证过程、文章结论又会各有千秋。这就相当于把学生集合起来做一个课题，大家比学赶帮，相互启发，相互促进，效果会是“1+1＞2”。

三、本科生导师职责落实的多元化

笔者认为项目和课程是本科生导师履行职责最主要的两种方式，根据导师职责及其与学生对接方式的不同，须采取适宜的履职方式。

（一）项目方式下导师职责的落实

该种方式下，导师职责的落实又可以根据项目的不同来源分为如下三种情况。

1. 学生自选课题项下的本科生指导

这种情形下，课题内容是由学生主导确定的，导师根据课题选择了学生。因此，导师对于研究的总体内容和大致方向不应过多干预，要充分尊重学生的研究兴趣和意向，导师只是在学生出现偏差的时候予以提示和修正。根据我们目前的情况，学生自选课题主要是指大学生科研创新，主要面对低年级本科生。因此，导师在此类项目指导中的核心职责在于向学生传授法学研究的基本方法，包括如何使用数据库、如何阅读文献、如何进行文献综述、如何进行社会调查等。要特别注意随着项目推进学生在研究方法方面的长进如何，至于研究的结论不必作为考察重点。

有职责，就有权利。谈到导师权利，我们认为目前在这种项目中，导师权利没有得到充分重视。学校层面没有对教师指导大学生科研创新给予教学工作量和物质方面的认可，只是学院层面有一定认可。但与下述的学科竞赛项目和导师个人科研项目的指导相比，很明显，在本类项目下，导师个人所获得的权益过低。因此，建议对指导学生自选科研项目的导师提高待遇，以激励更多教师更积极地承担该项职责，从而让包括大学生科研创新在内的学生科研活动更加活跃有效。

2. 学科竞赛项下的本科生指导

目前，我校学科竞赛是以项目的形式进行的，从备赛到比赛再到赛后总结，在两三个月到半年不等的时间内，师生共同为了这个项目的推进而努力。应该说机制运行得很顺畅，对教师指导竞赛的权益保障也比较充分，在精神上和物质上都给予了认可。笔者据亲身经历，对此还有一点意见和建议。

一点意见是关于教师职责的。在学科竞赛项目中发挥导师作用，应当特别强调对学生运用法律规定、法学原理解决问题能力的培养，这种培养可以通过赛题进行，但不局限于赛题。我们目前的情况是，对赛题本身的关注远大于对学生能力培养的关注，因此出现教师“越俎代庖”的情况，比如教师代替学生阐述对某一法律点的具体分析过程。当然，很多情况下也是因为学生时间精力有限，“迫不得已”地这样做了。但导师组应当通过指定阅读文献、不断发问等方式启发引导学生自己去解决问题，须强调通过竞赛达到训练学生能力提升的长远目的。

一点建议是学科竞赛还可以与竞赛课程结合起来。目前我院已有个别竞赛项目开始尝试这种做法了。一方面，通过选修课，吸引更多学生来了解和接触竞赛，同时为选拔竞赛队伍打下更扎实的基础；另一方面，也是对个别学生中途退赛、备赛不认真的制度约束——课程不通过，无法获得相应学分。

3. 导师科研课题项下的本科生指导

在该种项目下承担本科生导师职责应属少数情况，毕竟对教师个人的科研题目，学生是否有兴趣、学生能力是否足够等都需要考虑。可以由导师通过前述两种项目下学生的表现选择少数更优秀又有兴趣的学生加入自己的课题研究。这从培养学生的角度讲，导师应专注于在原来的基础上进一步提升学生的科研能力，要求他们关注学科前沿，鼓励他们勇于创新，促使他们撰写并发表论文。

另外，在这一过程中，导师应注意两点：一是不能把学生当作“打工仔”，只以个人项目的完成为导向给学生布置工作；在考虑项目进度的情况下，还应当兼顾项目对学生能力的培养，实现师生双方的共赢。二是要按照学生在研究中的表现和贡献给予相应的报酬，不能因为这是导师的履职行为，就无视学生的劳动成果和智力贡献。

（二）课程方式下导师职责的落实

除了上述学科竞赛的指导外，包括前述导师职责时提到的引导阅读经典、指导专业实践等，都可以通过课程的方式落实导师职责。

1. 导师课程的目标与内容

常言道：“授人以鱼不如授人以渔”。与通常所指的传授专业知识的课程不同，导师课程的目的不在于仅传授知识，而重在传递理念、传授方法。也正是由于传授的内容不是具体某一方面的知识原理，因此可以以课程的形式面对全体学生，无论大家兴趣何在、志向何在，都可以选课学习。

至于课程的内容，根据导师承担的具体职责由导师确定，同时在全院的范围内进行一定整合。经典阅读和专业实践是特别适合以课程形式来实现导师指导、落实导师职责的。比如在经典阅读指导的课程上，一方面由导师向学生推荐经典书目、提示阅读重点，为初出专业茅庐的学生把握准阅读方向；另一方面也是更加重要的，通过课程的学习，引导学生学会阅读——更有效率的阅读、批判的阅读。通过经典的阅读，让学生领略到专业的魅力，激发起探求专业知识的浓厚兴趣。

2. 导师课程的实施与反馈

导师课程的实施与反馈中有几个问题需要注意：第一，导师课程可以由一个教师单独实施，也可以以导师组的方式实施。不论哪种方式，都应当由承担课程目标职责的教师担任主讲。第二，鉴于导师课程在内容等方面的特殊性，应当设立单独的评价机制，而不应盲目使用既有的学评教制度进行评判。第三，作为方法论类的课程，教师备课、调整所需要的时间和精力往往大于一般备课，因此应当给担任导师课程主讲的老师在工作量和物质方面更高一点的认可和鼓励。第四，由于这类课上导师要亲自指导学生实践，即对学生个体给予比普通课程更多的关注，因此适合小班授课（15 人左右，不宜超过 20 人）。

“双一流”背景下法律硕士（法学）创新型人才培养模式研究*

魏庆坡**

摘　要　“双一流”建设规划对我国创新型法律人才培养是机遇，更是挑战。与法学硕士学术导向和法律硕士（非法学）复合型应用人才的定位不同，法律硕士（法学）旨在解决我国高层次、专门型、应用型法治人才不足的问题。但是，多年来由于培养目标不清晰、培养体系特色不显著、考核评价僵化、实习监督管理缺位等导致法律硕士（法学）的人才培养质量受到了诸多质疑和批评，如何体现法科研究生的专门型和应用型特征是一个不可回避的问题。本文立足法律硕士（法学）的定位与目标，结合教育部2017年发布的文件和首都经济贸易大学法学院的一些举措，提出从明确培养目标、特色化精细培养、注重实践应用能力培养、丰富考核指标、强化实习管理监督等方面完善培养体系，实现法律硕士（法学）“高层次、专门型、应用型法治人才”的培养目标。

关键词　法律硕士（法学）　法学教育　培养模式　应用人才

一、引言

作为我国教育改革的重大战略决策部署，“双一流”建设的目标不仅是建成几所世界一流大学和几个一流学科，而是旨在提升中国高等教育整体水平，实现高等教育强国和人力资源强国战略。从中央到地方，无论是入选“双一流”的高

* 本文系2017年首都经济贸易大学研究生校级教育教学改革项目“‘双一流’背景下法律硕士（法学）创新型人才培养机制研究——基于建构主义学习理论”的阶段性研究成果。

** 魏庆坡，法学博士，首都经济贸易大学法学院教师。

校，还是尚未入选“双一流”的高校，厚植学科优势，强化特色发展，全面提升人才培养水平和创新能力，已成为当前教育改革的一大共识。2017 年 5 月 3 日，习近平总书记在中国政法大学视察时从全面依法治国的角度强调了法治专门人才培养的重要性，这与党的十八届四中全会提出的“创新法治人才培养机制”一脉相承。2017 年 11 月，党的十九大明确提出，全面推进依法治国的总目标是建设中国特色社会主义法治体系、建设社会主义法治国家。这就要求新时代的法学教育顺应时代发展趋势，结合学科特点，有的放矢，切实有效地提升法律人才培养水平。

法学界对法学教育应定位于“职业教育”还是“素质教育”的争论由来已久，迄今尚未形成共识。笔者无意对此进行深究，但认为法学人才培养目标不能“一刀切”，要结合行业、地域、生源、教学资源等差异形成规范化的培养目标。易言之，法学教育是一个培养学生专业能力的过程，其基础是法学专业知识的获取，这也是法学教育的客观要求，同时还要关注法学应用性强的学科特点，以职业教育作为导向。对于法律硕士（法学）这个专业学位而言，通过法学本科的系统学习，学生们已经掌握了基础法学知识，初步具备了法学思维和逻辑分析能力。但由于招生人数迅猛增加，培养模式与其他硕士生存在同质化问题，法律硕士（法学）并未实现预期的培养目标，以致受到诸多质疑和批评。在当前“双一流”建设和深化创新法治人才培养要求的背景下，法律硕士（法学）的定位、区分度和职业教育发展趋势应在培养模式中有所体现和反映，以满足法科研究生培养目标的需求。

二、当前法律硕士（法学）培养的现状与问题

与法律硕士（法学）密切相关的是法律硕士（非法学），后者起步于 1996 年，主要借鉴于美国的 JD 专业学位，通过招收本科非法学的学生以培养复合型法治人才。鉴于其生源上非法学本科的特色和定位，法律硕士（非法学）在专业培养上鲜明的实务导向促使其逐渐形成了较为成功的培养模式。法律硕士（法学）招生最早始于 1999 年，后又被停办。[①]就生源而言，法律硕士（法学）主要招收法学本科生，凭借法科生的专业基础优势，定位于高层次、专门型、应用型人才培

① 冀祥德. 论中国法科研究生培养模式转型之必要——以培养法学硕士为主转向以法律硕士为主 [J]. 环球法律评论，2012（5）：147.

养。该专业学位不仅能够优化法律人才培养结构，丰富法律人才类型，更重要的是能够弥补高层次、应用型人才培养机制的缺失，对于提升公检法人员法律专业素质和全面落实依法治国具有重要意义。因此，无论从其设立历史、立意初衷，还是对我国法治人才培养的完善，都具有存续的必然性和重大现实意义。

法律硕士（法学）于 2009 年恢复招生，由于准备不足，生源主要是从报考法学硕士的落榜生中调剂的。次年，教育部才进一步明确法律硕士（法学）与法律硕士（非法学）同属于专业性硕士。随后，教育部在 2011 年、2012 年和 2015 年先后发文，规范学位型硕士和专业学位硕士的结构并进行优化，扩大了专业学位研究生的招生规模。囿于生源早期来自法学硕士落榜生的调剂，在一定程度上影响了该学位在考生和社会中的口碑。

“全面实现依法治国”方略和法学教育自身的学科特点都要求法律硕士（法学）的培养必须回应社会需求，实现法学人才的培养目标。但是，随着具备招收法律硕士资格院校的迅猛扩容，到 2017 年 5 月全国具有法律硕士招生资格的高校达到 202 所，招生人数急剧膨胀，但法学研究和法学教育水平并未随之提高，培养模式存在粗糙化和同质化，缺乏针对性和特色化培养，使得初期“高层次、专门型、应用型法治人才”的培养目标落空，引起社会对法律硕士（法学）的培养质量提出了质疑和批评。因此，本文尝试分析当前法律硕士（法学）培养中的一些问题，并结合本人有限的教学经验，提出一些改进的建议，期待为我国培养创新法治人才有所裨益。

三、法律硕士（法学）培养模式不足的分析

法律硕士（法学）生源来自法科生，且定位于高层次、应用型人才培养，但这一鲜明的个体属性在教学单位的人才培养中并未受到重视和区别对待。要么是与法学硕士培养方案类似，忽视应用能力的培养；要么是与法律硕士（非法学）培养方案类似，重复学习了一遍本科的理论知识。这都源于当前法律硕士（法学）培养模式中存在的一系列问题。

（一）培养目标不清导致培养体系混乱与同质化

在生源专业背景上，法律硕士（法学）与法律硕士（非法学）存在明显差异，

而教育部2017年7月发布的新一版《法律硕士专业学位研究生指导性培养方案》（以下简称《指导性培养方案》），无论是对法学专业毕业生，还是对非法学专业毕业生，在培养目标和内容上并无太大差异。[①]在培养目标方面，法律硕士（法学）是"高层次、专门型、应用型法治人才"，法律硕士（非法学）则是"高层次的复合型、应用型法治人才"。与之前对法律硕士（法学）"高层次的专门型、实务型法律人才"的培养目标，以及对法律硕士（非法学）"高层次、复合型、实务型法律人才"的培养目标相比，《指导性培养方案》只是将之前的"实务型"替换为"应用型"，并未针对法律硕士（法学）的特点予以进一步明确，导致很多培养单位对于该专业学位的培养存在模糊化认知，因而普遍存在培养目标不明确的问题：要么按照法学硕士的方式进行培养，要么依照法律硕士（非法学）的方式进行培养，导致培养体系混乱和同质化，偏离法律硕士（法学）既定的培养目标和清晰定位。这固然与我国法学教育模式定位不清有关[②]，但法律硕士（法学）培养目标不清依然是主要原因。

（二）应用能力培养不足且缺乏特色化与职业化培养

如上所言，法律硕士（法学）的招生对象是法科生，他们已经接受过四年的系统法学教育，与法律硕士（非法学）相比，具有较强的专业基础，虽说相对于法学硕士可能存在一定差距，但通过考研可以证明其具备了基本的法学逻辑分析能力和法学素养。2017年《指导性培养方案》只是将上一版本中的必修课程进行了适当缩减和"合并同类项"的处理，并由"专题"结尾改为"原理与实务"结尾，如新版中的"民法与民事诉讼法原理与实务"取代了之前的"民法学专题"和"民事诉讼法专题"。较之之前的"专题"，本次修订的培养方案明确了"原理与实务"，凸显了对法律硕士（法学）人才培养中"实务"方向的引导。但是基于我国当前法学教育与法学职业脱节的现实[③]，这种宽泛的要求很难从根本上撼动当前法学教育理念、培养体系、培养方法、师资结构等固化于理论教学的局面，

---

① 详见教育部2017年7月发布的《法律硕士专业学位研究生指导性培养方案》（学位办〔2017〕19号）。

② 邢钢. 法学教育模式评析及发展思路［J］. 中国高教研究，2009（3）：44.

③ 胡弘弘，谭中平. 法律硕士（法学）研究生的培养目标与定位［J］. 中国高教研究，2011（11）：40-41.

难以满足法律硕士（法学）对专业性高端人才培养的要求。

（三）评价体系和师资结构单一化倾向

近些年，科研成果在高校排名中所占分量增大导致很多高校逐渐增加了对教师发表论文的要求，形成了“压倒性”的科研导向，倡导“建设研究性大学”。作为人文社会学科，法学教育具有鲜明的意识形态特点，除与经贸法律规则相关的文章外，国内法学学者很难在国际期刊上发表文章。截至 2015 年，国内拥有法学本科教育的高校突破 700 多所[①]，法学教师人数众多，同时还有那些毕业前需要发表论文的法学类硕士和博士生，以及一些需要发表文章的法官、检察官等司法实务一线的人员，但国内法学核心期刊仅有 23 种[②]。当前的主要矛盾是拥有发表文章需求的法学类职业人群与法学类刊物版面供给不均衡、不充足之间的矛盾。基于生存和评职称的压力，很多教师必然一门心思地钻研学术理论研究，而难以兼顾实务的提高。

同时，基于教师招聘的要求，法学院教师多是博士毕业后直接参加工作的，基本没有实务经验。近些年，有些法学院开始从法院、检察院、律师事务所等聘用一些兼职教师，开设实务课程。但由于这些实务人员工作繁忙，上课时间难以保证，课程多是以断断续续的讲座进行，效果自然不如预期。

（四）学生实习缺乏管理监督机制

法学的实践性突出，学生只有将所学专业知识运用到具体法律实践中才能呈现出法学教育的价值。根据培养计划，首都经济贸易大学法学院（以下简称首经贸法学院）等高校的法学院都会强制要求学生参加一些实务单位实习，包括法院、检察院、律师事务所、公司法务部门等，对于学生了解法律实务、提升实践能力具有重要意义。基于对学生实习帮助和管理的便捷，实习单位与法学院出面签署实习合作协议。这样安排的优势自不待言，但也存在一些不足，比如简单安排实习使学生失去自主选择的机会，也未能有效调动他们实习的积极性，很难实现实习的初衷。

---

① 张璐. 金莉. 应适当压缩法学专业招生［N］. 北京晨报，2015-03-11.

② 依据南京大学发布的 2017—2018 年中文社会科学引文索引（CSSCI）目录，法学类核心期刊是 23 种，扩展版 10 种。

同时，一些实习单位多将实习生作为廉价劳动力使用，如整理案卷、打印、复印、打水、寄取快递等，并不为学生提供一些实习法学核心业务的机会，实习的意义大打折扣。而且，学院对学生实习的引导和监督不够，学生不能充分认识到实习的重要性。实习的监督则完全落实在实习鉴定上，一些学生往往照抄网上的鉴定范本应付了事，因而实习鉴定也只是流于形式。此外，法律硕士（法学）的学习年限一般是两年，很多学生第一年集中上课，研究生一年级暑假开始准备司法考试，考完后准备毕业论文开题和找工作，完全没有时间进行实习。

四、法律硕士（法学）创新型人才培养模式改革建议

“双一流”建设为法学创新型人才培养提供了机遇，同时也带来了一些挑战。法律硕士（法学）是我国结合法学学科特点，优化法学人才培养和完善法学人才培养体系的重要决策，是为依法治国输送法治人才的一大源泉。但是，囿于当前法学教育与法学职业的脱节、培养模式模糊不清、培养体系的同质化和教师考评体系僵化等问题降低了法律硕士（法学）人才培养的质量，导致社会对该专业学位培养质量的质疑和批评。因此，借助“双一流”建设契机，法律硕士（法学）培养应从培养模式上进行精心改革，突出学科特点，强化实践特色，实现“高层次、专门型、应用型人才”的培养目标。

（一）明确应用型与职业化培养目标

依法治国离不开创新型的法治人才，与国外相比，我国的法学人才培养门类众多，并且有很多不同的入学标准、学制、学历和学位，实务一线又有很多法律人未接受过高级的法学教育，这在一定程度上阻碍了法学人才素质的提升，难以满足市场对高等法学人才的需求。特别是，直接行使国家公权力的法官和检察官不仅要有熟练的法律技能，更应具有一定的法学理论积累，因为他们是否接受过高层次法律教育直接关乎司法公正和效能。当前社会，法学职业是一个专业化程度很高的精英职业，这不仅因为该职业将涉及问题分析、法律分析、纠纷处理、法律程序和道德问题等，还因为法律人对国家公权力的掌控。而且，社会经济快速发展带来的复杂化法律事务和持续国际化等都要求法学人才培养要向精英化、专业化、实用型迈进。

法律硕士（法学）创设的目标和定位就是专门型、应用型人才的培养，因此不同于法学硕士强化学术的定位；与法律硕士（非法学）定位复合型人才的培养目标相比，法律硕士（法学）强调高层次、专门型、应用型人才培养，注重培养学生分析解决法律实际问题的能力。基于生源已经在本科系统接受过法学教育的特点，不能简单照搬法学硕士或法律硕士（非法学）的培养模式，法律硕士（法学）应充分发挥其相比于法学硕士的专业性和相比于法律硕士（非法学）的应用型特色，围绕高层次、精英化、专业化的培养目标进行培养，为我国输送更多创新型法学专业应用型人才。

（二）强化特色化精细培养和提高职业化应用能力

法律硕士（法学）的培养目标是“高层次、专门型、应用型法治人才”，在强化专业学习的同时，要注重法律实践思维、实践能力和应用能力的培养，在课程设置上要突出高层次专业人才培养的价值取向和主线意识。

首先，要强化特色化培养。当前高层次专门型人才缺口较大，拥有一技之长的人才已经成为诸多单位争抢的对象。法律硕士（法学）正是立足于专门型人才培养，而非“漫灌式”培养。2017 年《指导性培养方案》较前版已经进行了调整，但除了一些必要的课程[①]和适当的专业课程须学习巩固外，应强化专业化、特色化方向。不同的学校应根据自身的学科优势、师资力量和地缘特点等，可以尝试设置财税法、知识产权法、公司金融法、宪法和行政法等不同方向；少数民族地区高校可以设置民族法、地方制度等方向，让学生根据自己的喜好和兴趣进行选择，帮助学生向专业纵深方面发展，提高其专业水平。

其次，要求提高学生职业化应用能力。基于“高层次、专门型”法治人才的培养目标，避免其“重修”本科课程，要增加实务型课程设置，如法律谈判、法律写作、法律文书等，这是与法学硕士有所区别的主要方面。同时，结合法律硕士（法学）学生已经具备了基础的法学知识储备的前提，教师在课程教学方面，可多采用案例教学和讨论式教学等实务化教学模式，侧重实务型法律思维培养；另外，要注重更新法律知识，强化职业技能培养和专业实践思维拓展，借助实践教学提升学生专业实际实操技能，还可从学分设置和考核引导等方面引导学生提

① 如中国特色社会主义理论与实践研究、外语和法律职业伦理。

升法学职业化和实践应用能力。

因此，法律硕士（法学）创新型教育要依据高校自身特点进行精细化、特色化培养，提升其专业纵深水平。课程设置上以职业化、实践化和应用型培养为导向增加实务相关课程设置，从而强化学生的实务职业思维、职业素质能力和法律实践技能。

（三）丰富评价体系和多元化扩充师资力量

作为人才培养的前沿阵地，高校对人才培养的质量直接关乎社会进步和国家综合国力的提升，更是高校自身发展的重要保证。如前所述，法律工作是一个高层次、专门型的职业，不仅要求从业者具备专业知识，更强调技能、伦理和理想的整合，完成职业技能、职业伦理、职业信仰和职业行动上的全面提升。[①]这种目标和需求要求教师必须提升自身实务型教学思维和实务职业技能，强调在实践过程中培养学生总结、积累和运用经验的思路和方法，积极探索“法律诊所”教育。但是，当前高校以职称评比的各项指标为“指挥棒”，对教师的教学仅以“无错即可”作为底线。然而，引导教学提升和向教学倾斜才是调动教师积极性的重要方向，只有丰富评价指标体系才能提高学校内力，推动内涵式发展。近些年来，首都经济贸易大学在提升教学方面进行了诸多探索，如评比教学型教授，这是提升教学工作和丰富评价体系的一个重要举措。对于学生而言，不仅要关注学生的理论教育，还要提升学生实务方面的考核考评，注重考查职业培养的最后结果，而不能简单以期末考试的纸面成绩“一锤定音”。

同时，学校也应注意到实务教学对很多未接触过实务的教师的挑战，他们无力承担应用能力培养的课程，课程设计也就难免存在同质化问题。因此，应多元化扩充师资力量，优化师资结构，进行教师“供给侧”改革，这些是提升法律硕士（法学）的重要抓手。有些学校开始探索聘请法官、检察官、律师到学校上课，也有的采用双导师制，聘请校外导师（法官、检察官、律师等）提升学生实务能力。这些创新型探索很有价值，但因为校外专家一般拥有正式工作，且工作繁忙，上课时间就很难保证；同时校外导师由于长期不在所聘学校，师生之间交流和联

① 冀祥德．论中国法科研究生培养模式转型之必要——以培养法学硕士为主转向以法律硕士为主［J］．环球法律评论，2012（5）：150．

系必然受到限制。为保证授课连续性，应强化学院与实务单位之间的合作，如探索法学院与法院、法学院与检察院、法学院与律师事务所之间的合作，通过单位之间的授课协议，让校外实务单位提前安排不同的实务人员讲授其业务领域的实务知识和分享职业技能，这样既可以确保授课时间，又可以提升授课多元化和丰富性。

对于校外导师，也要从单位之间的合作层面予以推进，进而确保实务教育的连续性和有效性。2017 年 6 月，首都经济贸易大学法学院开展了“法院与法学院的对话——法治人才培养研讨会”，强调通过单位层面合作来推进和提升法律硕士（法学）创新型人才培养。此外，学校还可以尝试校外导师与校内导师共同开设课程，校内导师侧重理论，校外导师侧重实务，由此可以强化理论实务双重能力培养。

（四）强化学生实习的管理监督和考核体系

作为一个强实务型的学科，法学教育本身就难以离开实践，最后更应回归实践。很多学校的法学院都要求学生进行实习，但实习的管理和监督缺位，导致实习流于形式或走马观花，且“实习报告”也泛滥成灾，一定程度上挫伤了学生的诚信精神。为方便本科生实习，首都经济贸易大学法学院与一些法院、检察院、律师事务所、公司等签署了学生实习协议，此举也应推广到法律硕士（法学）的培养中。安排学生实习的同时，要引导学生了解实习的目标和意义，如实习可以帮助学生了解该行业工作的实际情况、获悉实务经验和知识，帮助学生认清该行业是否与自身的兴趣契合、是否喜欢以后从事该行业，从职业规划角度改变学生应付差事的态度；须创新实习评价机制，避免实习报告流于形式，从格式上和内容上予以规范；须强化校内实习指导教师引导和管理责任，探索实习过程中与指导教师的沟通与交流机制，注重平时点滴积累。在实习期结束后，要请实习单位老师和本校老师作为评委对该学生进行实习评价考核。

除了固定实习合作单位外，法学院每年应定期邀请这些固定实习单位到学院开展站台长期实习招聘，增进学生（包括低年级学生）对实习单位的了解，尤其是低年级学生了解实习单位和实习要求，有助于做好或调整其实习规划，而结合自身特点选择实习单位有助于提升学生兴趣，降低实习盲目性。同时，积极创造学生去海外学习、实习和联合办学机会，如与海外院校建立联合培养机制等，构建高层次、涉外法律人才培养机制。

五、结语

随着“双一流”建设的持续推进，创新型法治人才培养不仅是法学教育的重要目标，更是对社会产业需求和社会需求的一种回应。针对当前法律硕士（法学）培养的初衷与实际存在的差距，本文对当前法律硕士（法学）教育从培养目标不清、课程体系简单化与特色不足、应用实践能力培养欠缺、评价考核机制单一以及学生实习管理监督不足等方面进行了论述和分析。

依据法律硕士（法学）专业学位“高层次、专门型、应用型法治人才”的培养目标，借助教育部2017年发布的《指导性培养方案》，结合首都经济贸易大学法学院的一些举措，提出法律硕士（法学）创新型法治人才培养的一些措施：首先，明确应用型与职业化培养目标，明确法律硕士（法学）建立于专业特色和实践优势上的培养目标；其次，强化特色化精细培养和提高职业化应用能力，注重法学实践思维和能力培养；再次，丰富评价体系，多元化扩充师资力量，提升实践教学的考核比重，探索法学院与实务单位合作开课等；最后，强化学生实习的管理监督和考核体系，注重引导学生对实习的认知，提升实习与职业规划的契合度，强化实习监督考核，避免形式化。

法学教学方法
与实践教学

研究生“民法总论”课程授课的思考

刘润仙*

摘　要　法学专业本科生和民商法专业研究生均开设“民法总论”课程，如何提升研究生“民法总论”课程的品质，如何通过课堂教学提高研究生的科研能力，是授课教师应关注的问题。笔者认为，课程最好以专题的形式进行，以问题为导向。涉及“民法分则”“民事诉讼法”等课程内容时，尽可能事先测试以决定是否讲授，即使讲授，也要把握必要限度。课程授课主体不限于教师，学生们可自行组成研究小组，研究教师事先指定的主题。学生展示其研究成果时，其他同学的诘问能促使他们更好地反思其研究的内容与方法，教师的总结与评价能引导学生从更高的层面、更广的领域看待民事制度。研究生课程不宜指定教材，但可以将一些标明研究生教材的书籍列为重点参考书目。

关键词　“民法总论”课程　研究生　授课内容　授课方式

一、引言

“民法总论”在法学专业的课程中处于核心地位，居于民商法系列课程的首位，其不但为学生提供最基本的民法概念，以构筑民法最基本的规则体系，更重要的是提供学习民法的基本方法和基本理念，因此，无论在本科阶段还是在研究生阶段，一般高校大多开设“民法总论”课程。但是在民商法专业研究生（如果没有特别说明，以下所称“研究生”指代“民商法专业研究生”）阶段的“民法总论”课程如何讲授，如何与本科阶段课程相区别，区别点如何设计，教材如何选

* 刘润仙，首都经济贸易大学法学院副教授，硕士生导师，研究方向为民商法。

用，如何与分则内容[①]以及“民事诉讼法”课程进行衔接，如何培养研究生的科研能力，都是需要考虑的问题。笔者从1999年开始为民商法专业的研究生讲授“民法总论”课程，除个别年份出国或者赴台访学外，几乎每年都要为研究生讲授该课程，对于该课程的建设有一定的心得体会，当然也有不少困惑。现将这些心得体会和困惑，形诸笔墨，希望为“民法总论”课程的建设尽微薄之力。不当之处，请同仁批评指正。

二、“民法总论”研究生课程面临的主要问题

“民法总论”课程一般在研究生一年级第一学期开设，学生们刚经过入学考试，其对“民法总论”课程所涉及的民法基本概念、原理、法条已然非常熟悉，却又要复习民法相关内容，因此，研究生“民法总论”课程的定位一定要集中在理论、前沿、方法上，绝对不能重复本科阶段法条的讲授、基本概念的讲解。但即使如此，研究生“民法总论”课程同样面临着不少问题：第一，总则与分则的关系。分则的内容如物权法、合同法、侵权法、婚姻与继承法已经全部设置为单独的必修课或选修课，如果在总论课程中过多地用案例的形式讲授具体的民法问题，会与此后的分则课程产生重合。第二，总论与“民事诉讼法”课程之间的关系。在案例教学中，有时候需要涉及民事诉讼法的知识，如何在不与诉讼法课程冲突的情况下，完成本课程的教学任务，也是需要探讨的问题。第三，教师讲授与调动学生积极性之间的关系。与本科生相比，研究生的教学主要任务是通过教师的引领，让学生通过团结协助或者自我探讨性学习的形式，完成一项或者多项研究任务，以培养其为了完成科研任务所必需的发现问题、解决问题等综合能力。但教师引领作用与研究生自己的展示能力如何协调，时间如何分布，值得深入分析。第四，授课内容与授课时间的安排。虽然学院给授课教师以充分的自由，但自由永远是相对的，不能脱离“民法总论”课程的基本内容，在此基础上，可以结合最新的理论与实践加以调整。

笔者就以上所述的几大问题，在下面的论述中一并提及并对此进行分析，提出自己解决的办法。

---

① 张卫．研究生《民法总论》教学中应把握的几个问题［J］．黑龙江省政法管理干部学院学报，2011（11）：151．

三、“民法总论”授课内容的设计

笔者认为，“民法总论”课程内容的设计是课程体系建设的核心，授课形式只是内容的表象。总体而言，“民法总论”的内容不能完全脱离课程的传统内容，也不能完全脱离民法分则与民事诉讼法的内容。最近几年，笔者在讲授中是这样安排“民法总论”课程的内容的（见表1）。

表1 “民法总论”课程安排

周次	内　　容	时数	授课方式
第1周	民法研究方法	2	教师讲授
第2周	民法与市民社会	2	教师讲授与学生讨论
第3周	民法的渊源——习惯	2	教师讲授与学生讨论
第4周	民法的渊源——指导性案例	2	教师讲授与学生讨论
第5周	民事主体制度1：未成年人监护	2	学生讲授与讨论
第6周	民事主体制度2：成年人监护	2	学生讲授与讨论
第7周	民事主体制度3：法人制度的新发展	2	学生讲授与讨论
第8周	民事客体制度1：动物福利制度	2	学生讲授与讨论
第9周	民事客体制度2：数据、网络虚拟财产	2	学生讲授与讨论
第10周	民事法律行为制度与代理制度（重点是民事代理与商事代理）	2	学生讲授与讨论
第11周	大陆法系代理制度与英美法系的代理制度	2	教师讲授与讨论
第12周	诉讼时效制度1：适用范围	2	学生讲授与讨论
第13周	诉讼时效制度2：国外情况	2	教师讲授与学生讨论
第14周	总结	2	教师讲授
第15周	机动	2	

从内容上看，授课内容覆盖了“民法总论”全部内容的同时，又突出了其重点与前沿理论。“民法总论”课程的传统内容有研究方法、民法渊源、民事主体、民事客体、民事法律行为制度与代理制度（重点是代理制度）、诉讼时效制度。在保持传统内容的基础上，笔者突出了几个重点：研究方法、市民社会的研究、

民法渊源、监护、虚拟财产、代理制度中存在的问题、德国诉讼时效制度的变化等。

在研究方法上，笔者主要以我国台湾地区大学的一些硕士论文作为素材，展示作为研究生写论文必备的比较研究方法、实证研究方法、历史研究法、社会学研究方法、法经济学研究方法等。笔者直接选取法经济学研究方法作为讲授的重点，从其起源直到其应用，参考了留学美国的我国学者的有关论文与著作。[①]

在市民社会的内容上，主要以邓正来先生的有关市民社会的论著为依据，讲授市民社会理论的起源；同时结合中国的乡村社会的情况，让学生理解中国市民社会与西方所讲的市民社会的情况并不相同，从而对民法在乡村社会的实际作用有重新的认识。

在民法渊源问题上，笔者主要讲了民事习惯与民事指导性案例。在 2017 年 10 月 1 日开始实施的《中华人民共和国民法总则》（以下简称《民法总则》）首次在基本法的层面上将民事习惯明确为民法的渊源，但附加了一个条件即“法律没有规定的情况下”。但这一规定与司法实践是否相符？有没有可能即使在法律有规定的情形下，也可以优先适用习惯作为依据呢？笔者因为长期关注民事习惯的司法应用，建议用“顶盆发丧”判决和江苏省泰州市原姜堰市（现为姜堰区）人民法院对于习惯的司法适用来说明在婚姻继承法领域，习惯与制定法实际上具有同样的法律地位。

在民事主体问题上，笔者给出题目让学生自行选择并自行组合成研究小组，原则上不超过三人，小组成员的主要工作是查找资料、制作演示文件（PPT）并展示。民事主体中农村留守儿童的监护以及成年人监护的问题较多，引导学生们从问题出发，总结现实中的各种问题，并分析背后的原因，最后提出解决的建议。

在民事客体问题上，重点讲了动物的法律地位与虚拟财产两个问题。同样也是由学生展示其研究成果，由其他学生进行提问，主讲的学生负责回答，老师负责点评。学生没有涉及的问题，或者有错误的地方，由笔者负责讲解或者纠错。

在民事法律行为和代理制度上，研究的重点是《民法总则》在民事法律行为规定的重大改变以及改变的原因。在代理制度上，重点集中于大陆法系与英美法

---

① 参考的著作主要是：熊秉元．法的经济解释——法律人的倚天屠龙［M］．北京：东方出版社，2017．

系的代理制度对于中国司法实践的影响，即主要从现实案例出发对于适用《中华人民共和国合同法》（以下简称《合同法》）第402条、第403条以及关于行纪合同的有关规定进行分析，从而指出我国代理制度存在的混乱状态，在这基础上提出了我国民事立法存在的最大问题，就是民商合一立法体制下，其具体规定会出现不适用商事活动的情形。

在诉讼时效制度上，重点对诉讼时效制度制定的原因进行分析，认为保护债务人财产自由权、避免法院诉累的产生是制定诉讼时效的根本原因。对于诉讼时效规定属于强行性规定提出了质疑，认为没有涉及公共利益，不应当属于强制性规定，欧洲许多国家只是在个别地方对诉讼时效进行强制性规定，但总体上属于任意性规定。另外，笔者根据在法院当过陪审员亲自参审的一个案件经历，对于最高人民法院关于诉讼时效的司法解释的有关规定进行了合理质疑。

总而言之，从授课内容上看，总体保留了“民法总论”课程传统内容的同时，主要在各大块部分以问题为导向，形成一个个专题进行讨论。讲授的主体不再限于教师，而是在具体制度的探讨中以学生为主，让他们自己找出该专题中存在的理论与实践问题，并厘清出现问题的各种原因，最后提出自己的建议或者思考。如此，学生通过一门课的学习，就可以得到专业研究的训练，从如何找资料，到如何寻找问题、分析问题、解决问题。因此，教师引导作用发挥得较好，学生主动性强，课堂教学效果也好。尤其是研究小组面对老师或者其他同学的质疑时，或坚持自己的观点，或表示该问题当时自己疏忽了没有考虑到，希望下次查找资料再回答。他们面对问题时的尴尬状态，潜移默化地影响到其他同学，促使他们积极思考如何将问题考虑周全。

笔者认为，民法制度具有较强的实践性，即使“民法总论”课程中的制度亦如此。因此，讲授具体问题的时候肯定涉及分则的内容，如法律行为与代理制度必然涉及合同法的内容，讲授民事主体与诉讼时效制度必然涉及一些民事诉讼法的内容，讲授市民社会与民法、民法渊源等内容甚至涉及法理学的内容。为了避免与其他课程重复，笔者首先测试学生是否能够用其他课程上所了解的知识回答一些问题，如果大多数同学能够回答出，笔者就不再讲授该项知识或理论，即使回答不出，笔者也尽可能只讲解个别的知识点。

四、“民法总论”研究生课程的授课形式

研究生课程的内容最好是探索式的课题，即没有现成标准答案的。笔者将制度性的问题交给学生自己选择，小组成员自愿组成，但授课时间由教师自行决定；对于研究方法、市民社会与民法、民法渊源以及学生不愿选择的问题，由教师进行教授。

在讲授时，基本以问题为导向，先提出问题，然后分析该问题出现的背后的原因，在此基础上提出教师的个人观点，并对于其实施的可能性进行必要的分析。以民法渊源中的习惯为例，笔者首先向学生介绍了山东省“顶盆发丧”案，让学生思考该案如何解决。该案的大致情况是：甲有一套农村的房屋，其配偶与儿子均在此屋内死亡。按照当地的风俗，该房屋被称为“凶宅”。后甲死亡，没有留有遗嘱。按照当地习惯，为其“顶盆发丧”的人可以对其遗产享有继承权，但死者哥哥的孩子不愿意继承该“凶宅”，就不愿意“顶盆”。而远房侄子乙出于善意为死者“顶盆”，之后住进了死者的房子内。几年之后，该房屋拆迁，甲的哥哥要求乙搬离该房屋，理由是甲生前已经与其签订了赠与合同（该合同已经公证），而乙根据习惯，认为自己已经继承了甲的房屋，所以拒绝搬离。双方产生纠纷，诉至法院。[①]

笔者向学生提出如下问题：（1）农村的房屋所有权没有登记的情况下，只是签订了赠与合同，该房屋的所有权从什么时候转移？（2）法院是否承认“顶盆”的习惯？在承认时主要考虑的因素有哪些？（3）该案如何判决？

对于第一个问题，学生普遍认为虽然不动产所有权的转移在一般情况下要进行登记，但鉴于农村房屋的特殊性，可以比照动产的转移方式即占有，以认定其房屋的所有权是否已经转移。从案情看，甲的哥哥从未占有过甲的房屋，因此该房屋的所有权从未转移到甲的哥哥的名下。

对于第二个问题，学生从习惯的构成要件出发，认为只要不违背善良风俗，经过法院的认可就可以作为断案的依据。笔者进一步引导学生，习惯是法院主动援用，还是等当事人提出后法院被动援用？我国司法实践中习惯的运行情况如何？

---

① 转自：彭中礼. 法律渊源论［M］. 北京：方志出版社，2014：4-5.

我国哪级法院适用的情况较多？法官在适用时其顾忌的地方是什么?通过这样的提问，将民事渊源问题引申到更宽的领域——我国传统社会对于司法的实际影响、中国法官的独立审判等。笔者一直告诫学生们，学术研究不能局限于表面现象，而要深挖背后的原因。

对于第三个问题，学生们普遍从法律条文出发，如果甲的哥哥依据继承法的规定主张遗产继承，按照法律的规定，该房产归其哥哥所有。笔者反问：甲的哥哥在获知别人愿意为死者“顶盆”并理解该行为的后果而没有反对，是否就意味着放弃了继承权？学生依然按照《中华人民共和国继承法》第 25 条的规定以及继承法的司法解释[①]认为，放弃继承需要以书面或口头形式作出，本案中并没有证据表明甲的哥哥作出了口头或者书面形式的放弃继承，所以，应当支持甲的哥哥的诉讼请求。笔者在肯定学生们严格按照法律分析问题的同时，又提出以下几点：（1）习惯不能仅为法院断案的依据，还可以作为人们行为的解释。甲的哥哥的孩子不愿继承其叔叔的遗产的情况下，为了使死者入土为安，乙为甲进行了“顶盆”，进而继承了死者的房产。甲的哥哥明知“顶盆”习惯以及后果，没有制止，而是在获知该房屋要拆迁后可以获得一定的补偿的情形下，才主张对房屋的所有权。因此，甲的哥哥在继承开始后的行为（包括默示行为）表明其已经放弃了继承权。（2）法律要保护诚信之人的合法权益，对于行为前后不一致、出尔反尔的人不应保护其利益。法谚云：违反正义法则的行为，均属违法行为。[②]

以问题为导向的授课方式可以激发学生的积极性与主动性，使他们明白自己在学术研究上到底缺乏什么。短板的认识，可以使学生及时弥补不足，也可以激发学生的研究兴趣。记得有学生就是做了未成年人的监护制度展示后，感兴趣于农村留守儿童监护问题，以此题目成功申请到研究生科研创新项目，并以此题目完成了硕士学位论文的写作。

教师以专题讲授，先给学生们示范，然后学生们自行组成研究小组，为了保证人人参与，成员原则上不得超过三人。学生先自己查找资料，如果缺乏资料或

① 《中华人民共和国继承法》 第 25 条第 1 款规定：“继承开始后，继承人放弃继承的，应当在遗产处理前，作出放弃继承的表示。没有表示的，视为接受继承。”《最高人民法院关于贯彻执行〈中华人民共和国继承法〉若干问题的意见》第 47 条规定：“继承人放弃继承应当以书面形式向其他继承人表示。用口头形式表示放弃继承，本人承认，或有其它充分证据证明的，也应当认定其有效。”

② 引自：郑玉波. 法谚：二［M］. 北京：法律出版社，2007：26.

者不懂如何查找，笔者会给予必要的指导并将自己的资料借给他们。对于展示的内容，笔者事先说明要求，即从现象入手，或是典型案例抑或调查数据等，一定要有理论分析，最后要有自己的研究结果，并附上参考文献。多年来，绝大多数小组的展示符合要求。对于敷衍了事的小组，笔者会要求重新展示。笔者印象较深的是，有个小组选取了成年监护问题进行展示，小组成员在中国裁判文书网收集了近三年的宣告无行为能力和限制行为能力的案例，并对其中几个省份的判决或者裁定进行分析，得出了在司法实践中成年监护运行的情况，并与《民法总则》进行比较，以此说明中国需要解决的实际问题是什么。这样的研究成果既具有理论价值，又具有实践价值，稍事完善即可以作成一篇不错的论文。

五、研究生“民法总论”课程的教材选择

研究生“民法总论”本来没有教材，教师根据教学的需要、授课的内容指定参考书目，如民法与市民社会的关系的探讨中，指定的参考书目有费孝通著的《乡土中国》、曹锦清著的《黄河边的中国》以及魏后凯、闫坤主编的《中国农村发展报告》。从中国自民国时期的乡村社会、改革开放之初的乡村社会一直到现在的乡村社会，让学生沿着农村发展的脉络，看清中国市民社会发展的特点，从中体会到从西方引进的民法学在许多方面需要本土化，意识到在学习民法时须特别注意法律制度的实施中容易出现水土不服的问题，不能将视野停留在文本意义的规定上，更重要的是研究其运行与实施。

近年来，有了少量的研究生《民法总论》教材，如朱庆育著的法研教科书《民法总论》。该书的主要特点就是视野广，既有大陆法系国家或地区民事理论的演进，又有对中国民国以来的民事立法的介绍。“全书系统论述了民法基本理论与民法总论各项制度的脉络和细节，以观念的正确运用为支点。”① 该书可以作为主要的参考书目，但专题性不足，不宜指定为教材。另外，随着《民法总则》的实施，出现了不少注释的书籍，如陈甦主编的《民法总则评注》（上、下册）对于条文的历史由来、规范目的与规范含义等进行了详细的阐释，对研究生深入理解法律条文有较大的帮助，但缺乏和国外相同制度的比较，同样不宜作为教材，而只能作为

① 朱庆育．民法总论［M］．2版．北京：北京大学出版社，2016：封底．

重要的参考书。

综上，笔者认为“民法总论”研究生课程不宜指定教材，可将标明是研究生教材或者《民法总则》评注之类的书籍列为重要参考书目即可。对于授课的内容宜用专题形式进行，教师授课时，必然涉及民法分则或者诉讼法的知识，只要在讲授中重视学生的反馈，并注意讲授的限度，就可以避免与其他课程的冲突。至于授课的方式，不宜全由教师讲授，而应当指导学生选择合适的题目，让其讨论展示，原则上，时间限制为一节课；再用一节课的时间，让其他学生对其展示的内容进行“评头论足”，教师也要积极参与互动；最后由教师进行总的点评，对于学生没有涉及或者需要充实的内容，教师再行讲授，真正做到教学相长。

“国际经济法”双语教学的障碍与突破[*]

金晓晨[**]

摘　要　首都经济贸易大学法学院虽然已开展了多年的“国际经济法”双语教学，但反思课程的设置、教学的模式、教学的方法、考核的方式等尚存在着诸多问题。为了避免双语教学走入误区，使其能真正做到脚踏实地、确有成效，应将其定位于精英教学，并遵从有别于专业英语教学以及以学生为本位的原则，吸取其他高校的教学经验加以改进与完善。

关键词　双语教学定位　双语教学原则　国际经济法

一、引言

我国法学课程的双语教学源于我国参与经济全球化进程日深，产生了对复合型人才尤其是法学专业与外语复合型人才的迫切需求。因而教育部自2001年即出台了一系列要求高校开展本科双语教学的政策，于是各高校相继推广双语教学。“国际经济法”在我国很多高校的法学院即属较早开设双语教学的课程，这在首都经济贸易大学法学院（以下称我院）也不例外，已连续多年将其设置为双语课程。

虽然在这几年的“国际经济法”双语教学中收获很多，但反思课程的设置、教学的模式、教学的方法、考核的方式等，深感由于各种条件的限制，尚存在着诸多问题。因此，为了避免双语教学走入误区，使其能真正做到脚踏实地、确有成效，本文将吸取其他高校的教学经验，针对所存在的问题，进行梳理和探析。

---

* 本文系首都经济贸易大学2017年教改项目“《国际经济法》双语教学的困境与改进”的阶段性成果。

** 金晓晨，首都经济贸易大学法学院教授。

二、"国际经济法"双语教学的现状

（一）教学对象

由于教师讲授"国际经济法"双语课意味着使用英语与汉语交替讲课，相应地要求学生在听课中必须有英语与汉语双语思维。因此，教学对象应是掌握了基础的法学知识并具有一定英语水平的学生，而大三、大四学生相比于法学理论基础尚浅、英语水平较低的大一、大二学生更加符合要求。有鉴于此，为达到较为理想的教学效果，我院的"国际经济法"双语教学课程在第六学期即针对本科三年级的学生开设，由于之前学生已经学习过"国际公法"的双语课，同学期又有专业英语，所以他们有一定的专业英语基础，且同学期仅上一门双语课，学习负担也不会过重。

（二）教学模式

通过对其他高校的"国际经济法"双语教学模式的调研，发现大多采取翻译型或混合型的教学模式。前者是指采用英文教材，但教师以汉语讲授；后者是指采用英语或中英对照的双语教学资料，教师以英语讲授专业名词并简单解释，但课程的重点和难点则以汉语讲授，即使用英语与汉语交替讲授。这两种教学模式无疑都使双语教学成为英汉翻译课或者使英语成了课程的点缀，加之国际经济法本身体系庞大、内容又多，而课时有限，教师则难以进行深入讲解，形成了"国际经济法"双语教学效果不如用汉语教学的尴尬局面。我院的"国际经济法"双语教学模式基本归为混合型，教师提供给学生英语课件及中英对照的双语教学资料，除专业名词和简单解释使用英语外，基本上都使用汉语讲授，其结果是学生仅多学了一些专业英语单词，但将英语运用于专业学习的能力的提高，效果却并不明显。

（三）期末考核方式

由于双语课的备课量繁重，学生人数过多，教师人数却有限，导致授课教师精力不足，即缺少改革双语课考核方式的意愿。所以，一方面，"国际经济法"双语课程的期末考核依然采取传统的笔试方式，且仅是名词解释或案例题目以英语呈现，但学生仍可用汉语解答，致使相当一部分学生的学习主动性不高；另一方面，教师在讲授中侧重知识点的讲解，学生仍只是听讲、记笔记、课后复习掌握知识点，考试基本就能通过，而无须以英语训练听说读写，也无须深入探讨英语课件和教材中的知识点，授课教师则对学生就双语授课知识点的理解、掌握、运用程度并不十分了解。

三、“国际经济法”双语教学中的障碍

（一）教师英语水平的限制

如前所述，由于在法学课程双语教学中基本采取翻译型或混合型的教学模式，导致双语教学变成英汉翻译课或者使英语成了课程的点缀，对提高学生运用英语于专业学习的能力效果不明显。这是因为教授双语课的教师除海外留学回国的以外，大部分毕业于国内高校的教师普遍是英语阅读强于听说，听说强于写作，所以教学中难以完全使用英语训练学生的听说读写，“国际经济法”双语教学中的此种困境在我院教学中同样存在。

（二）学生英语水平的限制

学生作为教学对象、学习主体，其英语水平决定着对双语课程的学习兴趣与参与度，从而影响双语教学的效果。虽然现今学生的英语水平普遍较以前有很大提高，但在双语教学中仍存在着以下问题：

第一，多数学生的英语听说、写作能力低于阅读；专业英语弱于公共英语。由于应试教育的影响，虽然学生学习英语多年，且通过了英语四级或者六级考试，但听说能力普遍较弱，导致双语课堂交流少、气氛不活跃。不仅如此，多数学生公共英语水平较高，专业英语水平较低，也增加了双语授课的难度。因此，教师在教学中只能加大用汉语授课的比例，致使双语课成了专业英语课或者汉英翻译课，学生则为理解英语而无暇学习专业知识，或学习专业知识而无暇理解专业英语，二者不能兼顾，使得双语教学未能达到理想的预期目标。

第二，学生英语水平参差不齐。学生需具备一定的英语基础是开展双语教学的前提，但由于并非所有学生的英语基础都扎实，所以目前不加区分的双语教学导致课堂教学出现两个极端：一是英语水平较好的学生学习更积极主动，且愿与

教师互动，对课程的参与度较高；二是英语水平较低的学生学习缺少主动性，课堂上大多沉默不语，对课程的参与度较低，且时常缺勤。因此，这种不顾及学生英语水平的双语教学，将使英语水平较高的学生认为双语教学过易，难以有满意的收获；而英语水平较低的学生则认为双语教学过难，无法跟上教学进度，产生厌学情绪。

（三）学生对双语课认识的限制

学生对双语教学的认识不统一，对推动双语教学造成了障碍。受应试教育影响的学生因习惯于教师灌输，对双语课堂的参与互动不积极；还有的学生认为双语学习时间投入多，挤占专业学习时间；更有学生功利地认为国际经济法不如民商法“接地气”，如未来不从事涉外经济法律工作，学习“国际经济法”只要能应对汉语的司法考试即可，所以就缺乏对国际经济法学习的兴趣，对“国际经济法”的双语课更缺乏学习的意愿。

（四）双语教学与专业英语教学混淆

法学双语教学本应侧重学生对专业内容的掌握，关于使用英语教学的比重宜根据授课内容的难点、重点和学生的接受度随时进行调整；而专业英语教学强调的则是语言的理解与应用。二者教学目的不同，不可互相替代。但鉴于前述教师与学生英语水平的限制，教师在双语教学中难免顾此失彼，以专业英语的教学方式讲授双语课程，因而难以保障学生达到既掌握专业知识又提高英语水平的双重效果。

四、“国际经济法”双语教学的定位及原则

（一）“国际经济法”双语教学的定位

双语教学的定位关乎课程设计、教学模式、教学方式等诸多问题。鉴于“国际经济法”双语教学的最终目的是培养学生使用英语从事涉外经济法律事务的能力，我们可将其细化为以下三个目标：专业目标、语言目标和思维目标。其中，专业目标是完成国际经济法的专业教学；语言目标是将英语作为专业教学的用语，以提高学生的英语应用水平，使学生能将英语作为工作语言；思维目标是培养学

生同时运用汉语和英语进行思维活动，并能根据需要切换这两种语言。正因为国际经济法律工作的特点使其对人才素质有着极高的要求，学生必须具有熟练使用外语的跨文化交际能力与全方位理解、适应国际事务和法律的复杂性、多变性和灵活性的能力。而有些通才法律毕业生可能永远也不能胜任国际经济法领域的工作。[①] 由此可见，法学双语教学应是一种精英教学，“国际经济法”双语教学并不适合于所有学生，只有在条件具备的情况下开设双语课程才有可能实现双语教学的目的。

（二）“国际经济法”双语教学的原则

开展“国际经济法”双语教学须符合法学教育教学的实际，即应遵从两个基本原则。

1. 双语教学与专业英语教学相区别的原则

法学双语课与专业英语课都需要学习者具备英语基础，虽然专业英语是学习法学双语课的基础，但二者的教学目标有别。前者是使用英语学习专业知识，以英语作为获取专业知识的手段，而将获取专业知识作为学习目的；后者是基于专业基础知识学习英语，是为了强化英语学习的效果。若将双语教学与专业英语教学混淆则不利于课程教学目标的实现，影响教学的效果。因此，“国际经济法”双语教学的目标应明确为使用中英两种语言作为传递信息的工具，使学生既学习了国际经济法学知识，又提高了在法学领域内运用英语的能力，其着眼点是“法学知识”而非“英语语言”。

2. 以学生为本位的原则

目前开展双语教学的高校多着力于师资培养和教材建设，因为这两类建设指标易量化且易完善，我院在双语教学的建设中也基本采取了同样的策略，但忽视了以学生为本位的双语课程建设。在双语教学中，经过对学生的调研，发现制约双语教学效果的主要因素并非师资和教材，相反，学生普遍认为自身的法律英语和专业背景知识是影响双语教学成效的主要因素。因此，提高“国际经济法”双语教学的效果应以学生为本位，以教学目标为导向，即帮助学生掌握国际经济法的基本理论和基础知识，了解国际经济法的发展趋势，并熟悉国际经济交往中涉

① 莫世健. 中国特色的国际经济法双语教学模式思考［J］.中国司法，2007（6）：55.

及的主要法律问题，能运用所学知识分析和解决实际问题，而英语毕竟只是学习国际经济法的语言工具。

五、突破“国际经济法”双语教学障碍的对策

（一）改进教学模式

鉴于我院学生英语水平普遍较低的现实，我们希望借鉴其他高校的经验，改进教学过程，将其分为初级、中级、高级三个阶段，在不同的阶段采用不同的教学模式以及不同的教学资料。

第一，以英语专业术语引导的初级阶段。为了使学生能适应双语教学，教师在授课初期先归纳出英语的专业术语，并在教学中以英语表达和解释所涉专业术语，授课内容侧重以汉语为主英语为辅。不仅如此，双语教学资料也分阶段选取，初期采用英语课件加汉语版教材的形式，将英语课件发给学生，以汉英对照引导学生加深理解。

第二，汉英语讲授各占50%的中级阶段。在双语教学的主要阶段即中级阶段，学生适应了教师的英语表述后，即将英语的授课量逐步增加到50%。在此阶段，除了给学生英语课件外，还给学生指定英汉双语对照的参考书，有助于教师穿插英语教学，用英语讲授学生易于理解的知识，但用汉语授课的内容仍占50%，以利于学生理解和消化重点与难点。

第三，英语教学为主的高级阶段。在双语教学进入课堂讨论、辩论阶段时采用此方式，特别是针对英语听说和阅读能力较强、已通过英语六级的学生，要求他们以英语为主进行课堂讨论和辩论，以强化英语思维和表述。

这种分阶段的、动态的双语教学模式，坚持循序渐进的原则，逐步加大教学中英语的比重，可照顾到英语水平高低不同的学生，使学生易于接受，从而收到较好的教学效果。

（二）改进课程设置

如前所述，由于双语教学定位为精英式教学，所以双语教学必须建立在学生具备一定的英语能力之上。而学生的英语水平参差不齐，因此双语教学并非适合所有学生，开展双语教学不能忽视学生的实际语言状况。从法学专业学生大学英

语通过率来看，大四学生大学英语四级最终通过率平均不到80%，六级最终通过率平均不到30%，大学低年级的通过率势必更低。学生以此英语水平学习英语教材，并接受50%以上课时的英语授课，其教学效果必定不会理想，势必导致“捡到芝麻，丢了西瓜”的结果。[①] 法学教学的主要目的是帮助学生理解和接受专业知识和课程内容，而不是培训外语，双语教学只是在此基础上锦上添花。若在学生英语水平尚未达到一定程度，尤其在我院学生英语水平普遍不高的状况下，用双语教学不仅达不到双语教学的目的，而且还会导致学生产生厌学情绪。因此，对双语教学高标准、一刀切的做法并不适合所有高校，双语教学还得因校制宜，逐步推进。不仅如此，不可否认的是，英语水平不高的状况并非短期内可以改变的，也并非通过一两门双语教学课程能够提升的，所以双语课程的开设应该以学生英语能力为立足点，要让课程设置去“迁就”学生的英语能力，而非通过课程设置去“实质提升”学生的英语能力。[②]

而且即使在国际化教学走在各高校前列且学生英语基础普遍较好的对外经济贸易大学，鉴于“国际经济法”课程的基础性、重要性，也未使用双语教学或全英语教学，而是在组成国际经济法的专业课程群中，如“国际投资法”“国际货物买卖法”“世界贸易组织法”“国际金融法”“国际商事仲裁实务”等课程中才采用双语或全英语教学。所以，建议我院将“国际经济法”课程设置为限制性汉语选修课与限制性双语选修课，而非“一刀切”的双语课。当然，教师在双语授课前，应向学生说明开设双语课的意义和价值，并提出教学应达到的近期目标和远期目标，由学生根据自己的英语基础，并结合未来发展方向和职业规划决定是否选修双语课。因双语课学习费时、费力，可考虑适当增加双语课的学分鼓励学生选课，以适应学生的不同层次需要。另外，“国际经济法”双语课程作为选修课，还需设置课程门槛以优选教学对象，应限定为通过英语四、六级考试的学生才可选修，而且应通过相应的口语测试。

（三）改进教学方法

在双语教学中，由于英语讲授不如汉语引人入胜，所以学生的注意力通常难

① 谢光旗. 论WTO法双语教学和案例教学中的问题［J］. 今日中国论坛，2013（4）：46.

② 卜路. 法学专业双语教学实践分析——以国际私法学双语教学为例［J］. 公民与法，2015（6）：9.

以长时间集中，另因学生英语水平有限，跟不上教学进度，即易丧失学习兴趣。因此，为激发学生学习兴趣，还应改进教学方法。一方面，教师除制作多媒体课件外，还可通过教学图片与视频以增强课件的直观性，降低语言理解的难度，帮助学生理解和掌握所学内容；另一方面，教师除提供英语教学资料外，还可推荐英文网站及其他英文阅读资料，并根据教学进度布置学生阅读相关内容。

（四）改进考核方式

考核是教学的组成部分，其目的是检验学生对知识的理解、掌握程度，也可检验教师的教学效果，所以科学的考核机制能引导学生积极学习，也可促进教师改进教学。

但是目前“国际经济法”双语课程的考核仍然有较大的局限性，一是考核成绩构成比例不合理。目前考核重点是期末考试，学生平时成绩所占比例不高，两者比例为 70%:30%，这不仅会使学生不重视平时学习积累，而且因期末考试比重过高，学生感觉期末考试压力过大。二是考核形式单一。由于双语教学往往强调对学生以英语进行专业知识的输入，却忽略了学生自己用英语对知识进行转化和输出[①]，因此，缺少对学生的学习成绩进行全面多层次的综合考查。期末考试局限于闭卷考试，平时成绩局限于作业和考勤，没有对学生听说读写等综合运用能力的考核，难以调动学生学习的积极性。三是期末闭卷考试尚未充分体现双语课的性质。因目前“国际经济法”双语课是必修课，而学生英语水平差距较大，为满足期末考试成绩须正态分布的要求，期末考试的部分试题是英语，但学生可以汉语解答，导致难以考查双语教学的效果。

有鉴于此，为了督促学生主动学习，引导其全面发展，真实反映教学效果，并为教师提高教学质量、改进教学方法提供依据，就需要改革考核方式。

首先，在课程总评成绩中加大平时课堂参与的分值，即平时成绩与期末考试成绩各占总评成绩的 50%，使平时成绩不受现有的不能超过 30%的限制。

其次，“国际经济法”双语课还要考核学生的说和写。由于多数学生对以英语回答问题缺乏信心，所以可借鉴其他高校的经验，先将学生分成若干小组，由各组派代表轮流发言，并将每组发言代表的成绩作为本组成员的成绩；当学生适

① 卜路. 法学专业双语教学实践分析——以国际私法学双语教学为例［J］. 公民与法，2015（6）：9.

应后，再逐步过渡到分别依每个学生的课堂表现单独打分，算作个人成绩。但教师在学生发言时不必苛求学生口语表达是否准确，应更多地关注如何培养学生发现问题、分析问题、解决问题的能力，注重以英语交流、沟通的目的性，尽量鼓励学生运用英语表达自己的观点、运用英语的思维方式思考问题。[①] 另外，为了提高学生的英文写作能力，可要求学生浏览指定的国际法英文网站资料，以及阅读英文参考书，撰写英文读书笔记并提出问题，教师对书面作业评定后记入平时成绩。

最后，期末考试加大英文主观题的比重，但鉴于我院学生总体的英语水平，考虑设计部分题目可以汉语或英语解答，但对以英语解答的学生予以加分鼓励。

六、结论

突破我院“国际经济法”双语教学的障碍，可借鉴其他高校的经验，避免采取“一刀切”的做法，而将其定位于精英教学，并遵从与专业英语教学有别以及以学生为本位的原则，通过在不同的教学阶段采用不同的教学模式和教学资料；将其设置为选修课，并增加学分；采用多种教学方式加强学生对教学内容的理解；并采取多样化的考核方式，加大平时成绩的比重。这些改进的对策，将不仅有助于提升我院双语教学质量、教学效果，凸显双语教学的内涵，而且将有助于促进我校双语课程的规划与统筹，构建科学的双语教学质量评价体系。

---

① 马一飞. 国际私法双语教学探索［J］. 陕西教育，2013（12）：52.

创新创业教育背景下法学本科论文的写作培养*

李晓娟**

摘　要　创新创业教育是知识经济时代一种新的教育观念和教育模式，在高等院校开展创新创业教育的主流方向是培养学生的创新创业精神和实践能力。法学本科人才的培养，必须重视学生的创新精神和法学实践能力培养，法学毕业论文写作是此教育目标的检验标尺之一。针对本科毕业论文存在的问题，笔者进行了深入总结，认为应当强化法学论文写作课程在法学本科教育培养方案中的地位，并对法学本科论文写作培养机制进行变革，具体包括系统灌输、训练学生的相应写作技巧和方法，针对论文写作中存在的重大缺陷问题明确具体对策，完善本科论文的评价体系，最终实现法学本科卓越人才的培养目标要求。

关键词　创新创业教育　论文写作培养机制　论文评价体系

社会经济发展需要大量的法律人才，法学本科教育在我国高等教育体系中处于基础性地位，担负着培养经济发展和法治建设所需高层次法律人才的重要任务。2001 年召开的“21 世纪中国法学教育改革与发展战略研究”重大课题研讨会上，专家们一致认为，中国大学法学教育本科阶段的基本目标还只能是一种素质教育和通才教育，而非专业、职业教育。① 而创新创业教育是素质教育在市场经济条件下向纵深发展的时代体现，是以“创新、创造、创业”为核心的素质教育成为

---

* 本文系首都经济贸易大学法学院实践创新人才培养项目研究成果。

** 李晓娟，首都经济贸易大学法学院讲师。

① 佚名. 按照“三个代表”要求，规划 21 世纪中国法学教育发展战略——《21 世纪中国法学教育改革与发展战略研究》重大课题研讨会综述［J］. 法学家，2001（6）：103–105.

可能的现实追求。创新创业教育是以培养学生的创新精神、创业意识和创业能力为基本价值取向的一种新的教育理念。[①] 在长期的法学教学中，逐渐产生了一种深刻的认识，法学的素质化教育目标是否实现、学生创新和创业能力的培养成果如何，在法学本科毕业论文的写作上是一个重要体现，本科学生论文写作能力应作为检验教育目标实现与否的重要标志。针对法学本科论文写作中存在的问题，应强化学生撰写法学本科毕业论文能力的培养，除了专门的课程讲授和训练外，在具体专业课程学习中也应有意识地进行培养和训练，建立完善的论文写作培养机制，并有明确而科学的评价体系。创新创业教育概念蕴含着一种新的教育理论、教育机制和教育实践，我们应结合法学专业的实际，将创新创业教育与专业教育进行充分的融合。

一、法学本科论文写作存在的问题

大学生创新创业是大学知识向生产实践的转化。本科论文是对大学本科生专业知识、科研工作能力等方面的全方位考查，通过论文的写作将学生所学的法学理论知识与生活中的实际问题相结合，加深学生对问题的理解和思考，进而形成解决实际问题的能力，本科论文写作能力如何是其创新创业能力的集中表现，是衡量人才培养质量的重要标准之一，是法学素质化教育的重要环节。在法学本科学习阶段，学生应该通过平时课堂教学的启迪，训练发现问题、思考问题的能力，及时完成老师布置的小论文或课题，并通过学年论文的指导和训练来查找不足、逐步提高相应的写作能力，毕业学位论文是检验写作训练效果的标尺。这样，能够尽可能使学生了解如何进行论文写作、喜欢论文写作，了解清晰、明确的写作路径。同时，教师指导毕业学位论文时能尽快进入状态，提高毕业学位论文写作质量。现阶段，我们虽然开始了法学论文写作课程，但还没有建立起本科学生论文写作的系统培养体系，教师缺乏有针对性和连贯的教学写作训练，致使学生毕业前的学位论文写作出现许多问题。

首先，论文选题不当。经常有学生问："老师，写什么好呢？"这是论文写作首先要解决的问题。论文选题原则上应由学生自己去寻找，寻找自己有兴趣、

① 李志义. 创新创业教育之我见［J］. 中国大学教学，2014（4）：5-6.

有能力写的论题，这本身就是锻炼自己发现问题的机会，是“创”的过程，在此过程中会激发学生的写作热情和灵感。老师指定的题目，学生不一定有兴趣，会在某种程度上扼杀学生进一步探索的欲望，那种发现问题、解决问题的成就感也就没有了。一个好的选题，是好文章的一半。一篇论文能够作出什么样的理论创新或者具有什么样的实践意义，不但取决于作者所下的功夫，也取决于论题本身。在论文选题过程中存在的突出问题，一是学生过于依赖教师指定题目，二是学生自己的选题过于泛泛。前者的弊端已经述及，后者是学生只找到了一个大概的话题，但没有发现真正的核心问题。对问题缺乏兴趣以及不知道问题之所在，会导致论文写起来平铺直叙、面面俱到而缺少重点和结论。

其次，论文结构和体例存在较大问题。法学论文需要具有谋篇布局的逻辑建构。所谓谋篇布局，是指作者在动笔之前对论文的主要内容、篇章结构进行宏观规划和统一安排。谋篇布局的好坏，直接影响文章的表达效果。[①] 这一步骤对论文写作至关重要，是规划论文各部分之间的逻辑关系，反映作者写作思路的必要步骤，是学生的“创”的外在表现。论文布局的总体要求是论点突出、论据充分、论证严密、结构紧凑、条理分明等。但在法学本科毕业论文指导中，经常发现学生的论文论点不明、逻辑松散、结构混乱等缺陷，难以达到论证环环相扣的效果，甚至会出现重复叙述、因果关系颠倒等突出问题。一篇好的法学论文需要参阅大量文献资料，这些文献资料在写作过程中一般以注释的形式出现，是这篇文章内容的延伸，与文章主体内容相结合，构成对论文论点的有力支撑和扩展。在法学论文指导中，发现学生并不十分重视文章注释，有时注释流于形式、没有起到应有的作用，因此注释的规范化也需特别强调。

最后，论文的创新性观点不足。论文的观点须有创新性，这是论文写作中具体的创新要求。为什么要有创新？创新是学术的生命。学术是一个不断超越前人研究的过程，哪怕是微乎其微，都是贡献。如何创新？发现新问题、提出新见解、采用新材料或者新方法，都是创新。法学论文写作中，学生要对论题相关基础理论知识全面掌握，在尽可能占有资料的基础上，提出新问题、新视角或者新见解。但在所指导的一些论文中发现，本科学生在法律理论知识掌握和实践研究能力上

---

① 陈瑞华，等. 法学论文写作与资料检索［M］. 北京：北京大学出版社，2016：75.

都存在问题，学位论文仅仅停留在大量资料的堆积上，缺乏应有的理论概括和创新性；有些论文连资料的收集都很欠缺，只是单纯地罗列相关法律条文，根本达不到法学论文写作的基本要求。

二、法学本科论文写作的问题对策

针对前述在法学本科毕业论文写作中的问题，我们需要采取相应的对策。从学生入学开始，着重培养学生的写作意识，给学生讲授法学写作方法和技巧，加强平时教学的写作训练比重，促使学生最终能够提交一份合格甚至完美的毕业学位论文。

第一，构建体系化论文指导模式。在法学本科低年级学生中，应当系统开设法学论文写作课程，对学生进行全面的基础性指导。在二、三年级学生的专业教学中，应当强制要求每门课程必须写一篇课程论文，并以此作为平时成绩评定的依据之一，此阶段主要侧重对学生论文的选题和资料收集的指导。最终，毕业论文的选题和写作可以是之前写作的延续或者深入，也可以是在此训练基础上的新的创作。

第二，应当训练和培养学生的问题意识。论文选题的基本要求就是要有问题意识，即写作者必须发现现实中存在的问题，从而提炼出法学理论上的话题，然后凝练出自己的命题并加以论证。这里的“问题”，是指对某些事情的疑问，也可能是指需要解决的困难。这些需要深入研究的问题，可能就是论文的论题所在。现实中的问题是分层次的，即可能是法律实践过程中的一个操作问题，也可能是法律认知过程中的一个理论问题。一个好的论文选题，必须触及那些比较典型、人们普遍关注的问题。有些学生喜欢从社会特点问题入手寻找自己论文的主题，但有些现实中的重要问题未必是学术上有意义的问题；有些虽然可以探讨，但需要去寻找切入的视角，提炼出文章的核心命题，不能面面俱到、“胡子眉毛一把抓”，否则文章也很难写好。提炼问题时，需要注意几点：一是，一篇论文只讨论一个中心问题；二是，“大处着眼，小处入手”；三是，清楚合理地界定问题。同时，要注意将问题放在法学学术语境中讨论，要注意思想的传承，要注意与学术界的对话。有效的讨论来自合理的研究视角的确立以及问题的清楚界定，并且，文章应有明确的核心命题。[①] 这些是需要我们在学生本科学习期间尽力培养和训练的主要能力。

第三，论文写作的创新可能性。法学论文的创新必须先端正态度，学生不能为了创新而单纯追求观点的标新立异。只有对学术界现有知识能够有所推进，才是创新。法律研究具有很强的本土性，必须与中国的实践相结合，这种创新往往具有相对的地域性。在有了好的选题之后，这时文章就建立在所掌握的材料和自身的知识结构基础上了。我们应当让学生理解法学专业的基础知识和基本理论是学生创新精神、创业意识和能力的深层根基，应该使学生认识到知识的储备是长期的过程，鼓励其通过平时不断地学习和阅读来拓宽视野、优化知识结构。应该创造一切条件将专业前沿信息和知识及时反映到教学内容中，培养学生“学中思、思中学”的能力。

第四，培养学生查找文献资料的能力。写作学术论文要有根有据、有所创新，必须建立在文献基础上。要写出一篇合格的论文，必须穷尽相关文献。法学论文的阅读对象是学术界，写论文前必须了解当前学术成果，需要查找的就是学术界的相关主题论文、专著和教材等，并且要了解时事动态、相关立法和判例，紧跟时代发展步伐、结合我国国情参考外国相关资料。要引导学生学会选择、甄别文献的质量。当前，文献的查找途径主要是三个方向：一是图书馆的纸质文献；二是电子数据库；三是互联网。由于传统纸质文献已经大规模地数字化，因此了解数字化信息的检索途径和方法是根本。检索获取的文献尽量体现思想的原创性或者出处的原生性，选择论证严谨或者报道准确的文献资料，并考虑其学术影响力。论文写作只有建立在资料基础上，才能够保证最基本的研究方向。学生创新创业能力的培养是一种主观能动性的培养，学生自觉、有针对性地查阅文献也是一种训练。

第五，引导学生撰写论文合乎规范。撰写法学论文，必须遵循严格的学术规范，既包括形式规范，比如格式、字体、注释、引证等；还包括内容规范，即尊重他人的研究成果，在引用和借鉴他人观点时要注明出处。指导学生诚信对待学术研究，才能造就较高的学术素养。为此，教师必须向学生灌输撰写论文的技巧

---

① 参见：何海波. 法学论文写作［M］. 北京：北京大学出版社，2015：20–29.

和方法。学术论文的理论性和规范性是统一的，缺乏规范性，理论性就难以体现；缺乏理论性，规范性就失去了依托。法学学术论文具有严格的规范性，标题怎么写，开头怎么写，中间怎么写，注释怎么写，摘要怎么写，关键词怎么写，等等，都有一定之规。既然是学术论文，就应当按照学术的要求去对待，保证文章的原创性、理论性和规范性，才能真正体现其价值。这是在法学专业教学中应不断灌输给学生的内容，在此过程中，教师也应创新教学手段，引导学生自觉地遵循论文的写作规范。

三、创新完善现有法学学位论文制度

法学论文写作对于法学本科学生来说，是一项基本职业技能。在法学本科培养阶段，学校对此应予以重视，应通过系统化的训练来达到相应的培养目标，并把毕业学位论文的写作作为检验的标志。因而，在法学本科教学培养方案中应当明确这一过程和目标。现阶段，各院校基本都开设了法学基础写作课程，但收到的效果可能不尽如人意。笔者认为，单靠开设一门写作课程是难以达到目的的，必须和各门专业课程相结合才能取得更好的效果。一方面，应强化专业课程教学中的写作指导，另一方面强化学生的写作训练。只有将“双强化”原则明确贯彻在法学四年本科教学培养方案中，学生的毕业学位论文才能达到高水平和高质量的要求。同时，加强教师在专业课程论文写作中的引导，加强师生互动，真正贯彻“教学相长”的教育思想，使学生对论文写作产生极大的积极性，培养和激发学生的学术热情和创新精神。有学者也有类似看法，提出法学专业本科论文的“前伸性”问题，即撰写法学本科毕业论文能力的培养需要拓展并延伸到整个法学本科教育培养过程中，与日常教学各环节相协调，并融入其中[①]，对法学教育管理也提出了创新要求。

第一，应转变教学观念，加强以创新创业能力培养为宗旨的素质教育。学校在法学专业学生培养中，应在教学管理上创造条件和空间，努力培养学生独特的法律思维能力、娴熟的法律运用能力和在此基础上的研究能力，使之成为有法律学问、法律道德和社会常识的法律人。对此，我们已经在努力尝试。法律实践教

① 参见：袁岳霞．法学专业本科毕业论文的“前伸性”问题的思考及对策［J］．沙洋师范高等专科学校学报，2010（5）：36–38.

学是一重要途径，还需加强的是，创设良好的学术研究条件和氛围，使法学学生的研究能力在此基础上进一步提升。

第二，以管理促教学，敦促教师改善教学手段，提升学生的专业写作能力。必须改变学生写作论文被动的现状，使之向主动求索转变。教师在教学中应积极引导学生主动去发现问题、思考问题，树立以学生为主体的教学观念，调动学生追求学术的积极性和自信心。鼓励学生对自己感兴趣的问题或者社会现象进行深入研究，积极尝试写作，以量变追求质变，提升自身写作水平。学校在课程体系设计、实践教学安排、课程考核等诸多环节，与法学专业学生撰写毕业论文能力的培养有机结合起来。通过课上的实例分析、课堂讨论，课后读书笔记、课程论文，每学年一次学年论文的撰写，提高学生的法律综合思维判断能力、逻辑推理能力和文字应用能力。毕业论文撰写能力的培养应当贯穿于整个法学本科教学体系，相应的教学改革和管理必须跟上步伐。

第三，应明确导学模式在毕业论文写作环节的作用。现阶段，我们已经在法学教育中逐步采取导师制管理，但对导师的具体导学任务和目标还不是十分明确。笔者认为，应当发挥导师在论文写作能力培养中的作用，与相应的教学阶段衔接，指导学生的写作能力训练，如在低年级时进行社会调查、法庭辩论等实训项目；在高年级时进行法律咨询宣传、模拟法庭等。在撰写调查报告、活动总结、法庭文书等工作的同时，学生的理论和文字功底都会得到极大的锻炼和提高。在毕业论文写作时，更应发挥导师的作用。导师在对自己学生的能力素质、专业兴趣有一定了解的基础上，引导学生完成论文从选题到写作的全过程，往往会事半功倍。导学模式从课堂教学延伸到毕业论文的写作，使四年的法学本科学习和学术研究相一致，极大地提高了各教学环节的有效性，提升了学生的科研写作能力，真正实现了导、学、研、修相结合。

第四，应创新设计学生论文的评价体系。法学毕业论文的改革应与培养应用能力、创新能力和实践能力相适应，应摒弃单一的论文评价要求，可以扩展毕业研究考查范围，将调查报告、课题研究过程写作等都纳入其中。在四年法学教育中，可以随时发现问题即可论证、随时立项，并引入社会评价、专家评价等质量评价方式，提升学生的课题研究及写作的积极性和主动性，对法学人才的创新创业能力培养进行质量监督。

新时代中国法学实践教学的社会维度分析

孙明春*

摘　要　中国近代法学源自西方，脱离中国实际、重理论轻实践等问题一直以来比较突出。进入新世纪，教育主管部门和各高校逐渐重视开展法学实践教学，但此实践教学多落入以训练学生法律实务技能为核心的职业维度取向的窠臼。当此中国特色社会主义进入新时代之际，我国法学实践教学在坚持职业维度取向的同时还应引入社会维度，即将课堂教学与中国社会现实紧密结合，引导学生在社会实践的大舞台中感知国情社情，沟通民心民意，探寻实现良法善治之道。从目前来看，与法学教学研究紧密相连的社会实践以及具有现实意义和社会价值的相关学科竞赛是开展社会维度法学实践教学的有效途径。

关键词　法学教育　实践教学　职业维度　社会维度

一、中国法学实践教学的探索和推进

近代中国法学是"西学东渐"强劲影响下的产物，近百年来，来自不同地域、不同派别的西方法学在不同时期深度塑造了中国高校法学教育的面貌。民国时期，随着清末大规模修律的仓促收场以及清王朝的覆亡，绵延数千年的"中华法系"走向解体，国人对自身固有制度、文化评判得更加猛烈。由此，不少学人将西方法学奉为圭臬，在当时中国法学界，西方法学流派诸如分析法学、社会法学、历史法学、现实主义法学等都在中国有自己的市场，民国法学权威人物中既有留学

* 孙明春，首都经济贸易大学团委副书记，中国人民大学法学院法学博士，台湾"中央研究院"历史语言研究所访问学者，北京市法学会中国法律文化研究会常务理事，中国特色镇发展战略决策咨询专家委员会委员。

欧美的王宠惠、王世杰、杨兆龙、钱端升、吴经熊等，也有留学日本的江庸、戴季陶、章士钊、居正、张君劢等，他们各执一说，都企望依靠自己所掌握的西方法学知识来改造中国。新中国成立后，域外法学对中国的影响并未因此削弱，正如刘小平所指出："由于历史原因，英美的影响戛然而止，转而面向前苏联学习其法律制度和法学理论。而在 1978 年以后，同样由于时代的转折，西方的法律思想才又得以重新进入中国。"[①] 这样的结果就是，以取法西方为代表的"法律移植主义"在中国大地颇为盛行，研读西方不同法学流派的所谓经典著作也成了不少法科学子的不二选择，而实践和实操被不少人认为是无足轻重或毕业以后的事情。

进入新世纪后，为了使法学教育更加突出中国本土的主体地位，进一步破解"重理论轻实践"的育人弊端，在积极推动中国"入世"并与世界经济接轨的同时，中共中央对于如何推进依法治国以及改进法学人才培养出台了若干文件，教育主管部门和各高校也在实践教学方面展开了一系列探索。2011 年 12 月 23 日，教育部、中央政法委员会联合出台了《关于实施卓越法律人才教育培养计划的若干意见》（以下简称《意见》），《意见》直陈我国高等法学教育尚存在"不能完全适应社会主义法治国家建设的需要，社会主义法治理念教育还不够深入，培养模式相对单一，学生实践能力不强，应用型、复合型法律职业人才培养不足"等问题，为此，《意见》将"培养应用型、复合型法律职业人才"作为实施卓越法律人才教育培养计划的重点，并拟实施"双千计划"，即选派 1 000 名高校法学骨干教师到实务部门挂职 1—2 年，参与法律实务工作；选派 1 000 名法律实务部门具有丰富实践经验的专家到高校任教 1—2 年，承担法学专业课程教学任务。在强化法学实践教学环节，《意见》要求开发法律方法课程，搞好案例教学，办好模拟法庭、法律诊所等，充分利用法律实务部门的资源条件，建设一批校外法学实践教学基地。[②] 由此可见，此处的法学实践教学带有鲜明的职业维度取向，即预设所有法科学生将来的职业选择都是进入到法律实务部门，要求他们在掌握好法学理论知识的同时还应多参加与提高法律实务技能相关的实践。

---

① 刘小平. 法学中西之间：西方法学在中国法学理论体系建构中的贡献和定位［J］. 法制与社会发展，2012（6）：27.

② 参见：教育部、中央政法委员会《关于实施卓越法律人才教育培养计划的若干意见》［EB/OL］.［2017-11-12］. http://www.moe.edu.cn/srcsite/A08/moe_739/s6550/201112/t20111223_168354.html.

在这一《意见》的带动下，不少法学教育工作者也就将实践教学内容限定在了解决各类争议的法律实务领域，比如，梅龙生认为："法科学生实践教学内容主要是运用法律基本概念、基本原理和基本制度于法律实践之中，重点是将具体法律规范运用于法律实践之中，分析和解决各类法律关系争议。"① 实践教学的形式和载体也是紧紧围绕法律实务技能的提升。② 现实操作中，大多数高校在法学人才培养方案中对于实践教学也基本是按照这份《意见》来设计和开展的。

党的十八大以后，全面推进依法治国成为"四个全面"战略布局之一，2014年10月23日，在党的十八届四中全会上通过的《中共中央关于全面推进依法治国若干重大问题的决定》，要求依法治国、依法执政、依法行政共同推进，坚持法治国家、法治政府、法治社会一体建设。对于法治人才培养也延续了以往职业维度的取向，提出"建设通晓国际法律规则、善于处理涉外法律事务的涉外法治人才队伍""健全政法部门和法学院校、法学研究机构人员双向交流机制，实施高校和法治工作部门人员互聘计划"。③

二、职业维度取向的优势与不足

在法学人才培养中引入职业维度的实践教学，致力于提升法科学子的法律实务技能，可以在很大程度上缓解法学教育"重理论轻实践"的弊病，而且这对于将来有志于从事法律实务工作的学生来说确有必要。在实务技能提升方面，中国人民大学法学院行动较早，成效显著。该院在中国人民大学物证技术实验室（前身为创建于1953年的中国人民大学刑侦实验室）的基础上于2005年成立了中国人民大学法学实验实践教学中心，中心下设三个部门：立法实验教学部、司法实验教学部、法律实践教学部。学生不仅通过物证技术实验、诊所教育课堂学习实务实践技能，同时通过对外的物证技术鉴定中心、诊所对外的接案系统来提供社会服务，在提供社会服务的过程中不断提高实践水平，使志愿服务与法学实践教

① 梅龙生. 论法学实践教学体系的完善［J］. 河南教育学院学报（哲学社会科学版），2016（6）：102.

② 刘坤轮主张，严格的法学实践教学应当以法律诊所、法律援助、庭审直播、案例教学、集中实习等为核心组成部分。参见：刘坤轮. 我国法学类专业本科课程体系改革的现状与未来——以五大政法院校类院校为例［J］. 中国政法大学学报，2017（4）：148.

③ 参见：中共中央关于全面推进依法治国若干重大问题的决定［EB/OL］.［2017-11-12］. http://cpc.people.com.cn/n/2014/1029/c64387-25927606-3.html.

育有机结合，不少学生表示从中受益良多。一位曾在中心服务的同学这样说道："我的收获远超出了我自己的预期。在诊所值班的过程中，我不仅有机会与形形色色的当事人接触，锻炼了我的应变能力、沟通能力和处事能力，而且在向当事人提供专业的建议的过程中，我的专业素养也得到了极大的提升。法律诊所为我提供了一次极其奇妙的专业体验。"①

以职业维度为取向的实践教学固然可以在大学期间就能让学生具备一定的法律实务问题处理能力，但若将实践教学仅局限于职业这一个维度则也存在一些不足，这些不足主要体现在以下两点：

第一，单一职业维度的实践教学难以克服客观条件制约的不足。法学院毕竟不同于法院、检察院、律师事务所等法律实务部门，其一方面不能完全复制法律实务部门的硬件设施和办公环境，另一方面也不能保障具有丰富法律实务经验指导人员的充分供给，因此，在不少高校设置的法律诊所、模拟法庭往往形式重于内容，其所起到的育人效果也经常会大打折扣。对此，于志刚曾指出："模拟法庭被众多法学院所奉为实践教学的标志，但在开展时却放手以'绝对信任'的方式让没有任何实务经历、经验的年轻教师甚至是高年级学生指导低年级学生，让学生'自娱自乐'，教师更多地充当起'评委''观察员'角色，缺少教师理论指导尤其是缺少实务指导，整体规划的模拟法庭更多的不再是一种教学活动，更多的成为一种实践活动。同样的问题在实践实习、法律诊所等方面均较为突出。"② 这些现象不得不引起我们的反思。

第二，单一职业维度的实践教学难以培养学生"情理法"兼备的知识结构和法治素养。中国古代传统司法智慧讲究"天理、国法、人情"的协调统一，鲜有情、理、法割裂现象的出现。近代以来，随着中华法系的解体，在很长一段时间里中国固有的传统礼法体系受到了否定和批判，在立法领域"法律移植主义"盛行，在司法领域无视社情民意的情况时有发生。经过多年的发展，法律职业群体也形成了一种精英化、团体化的自我闭合倾向。如果我们在实践教学中仅对学生

---

① 参见：中国人民大学法学实验实践教学中心. 课堂内外的法学教育实践——记中国人民大学环境法律诊所［EB/OL］.［2017-11-13］. http://www.law.ruc.edu.cn/lab/ShowArticle.asp?47665.html.

② 于志刚. 法治人才培养中实践教学模式的中国探索："同步实践教学"［J］. 中国政法大学学报，2017（5）：40.

强调职业这一个维度，就难以让这些未来法律职业人具有“情理法”兼备的知识结构和法治素养，无法实现“德法兼修”，也就不能在将来很好地扭转法治与国情、民意脱节甚至抵牾的局面。

因此，这就要求我们在设计、开展法学实践教学时除了职业维度外还应引入其他维度，而作为孕育、承载法学和法治的“社会”理应成为实践教学中的一个重要维度。

三、新时代法学实践教学不能缺失社会维度

2017 年在中国发展史和法学教育史上都将是一个具有里程碑意义的年份，因为在这一年，中共十九大作出了中国特色社会主义进入新时代的科学论断，并对全面依法治国提出了新的要求和部署；这一年，习近平总书记考察了中国政法大学，对我国法治建设和法学教育发表了一系列精辟论述。因此，我国的法学教育和法学实践教学也应基于新时代的新要求引入新维度、注入新内涵，以便为新时代造就更多优秀的法学人才。

2017 年 10 月 18 日，中国共产党第十九次全国代表大会召开，大会基于十八大以来国内外形势变化和我国各项事业的快速发展，作出了中国特色社会主义进入了新时代的科学论断，并指出这是我国发展新的历史方位。党的十九大报告作为一份指导中国未来发展全局的纲领性文件，其虽未直接对如何开展法学实践教学作出规定，但对我国法治建设和法学教育发展的目标和方向作出了明确规定，即将全面推进依法治国作为中国特色社会主义的本质要求和重要保障，要求必须坚定不移地走中国特色社会主义法治道路，坚持依法治国和以德治国相结合，努力提高全民族的法治素养和道德素质。①

2017 年 5 月 3 日，在五四青年节来临之际，在中国政法大学建校 65 周年前夕，习近平总书记考察了中国政法大学，并对我国法治建设和法学教育发表了一系列精辟论述。在法学学科体系建设上，习近平总书记强调我们要立足中国历史文化和国情，注重中国智慧、中国实践的挖掘和运用。他提出，我们有我们的历史文化，有我们的体制机制，有我们的国情，我们的国家治理有其他国家不可比

---

① 参见：习近平. 决胜全面建成小康社会 夺取新时代中国特色社会主义伟大胜利——在中国共产党第十九次全国代表大会上的报告［M］. 北京：人民出版社，2017：22-23.

拟的特殊性和复杂性，也有我们自己长期积累的经验和优势，在法学学科体系建设上要有底气、有自信。要以我为主、兼收并蓄、突出特色，深入研究和解决好为谁教、教什么、教给谁、怎样教的问题，努力以中国智慧、中国实践为世界法治文明建设作出贡献。在法学教育上，习近平总书记重点强调了法学学科的实践性，主张法学教育要处理好知识教学和实践教学的关系，打破高校和社会之间的体制壁垒，将实际工作部门的优质实践教学资源引进高校，加强法学教育、法学研究工作者和法治实际工作者之间的交流。① 习近平总书记考察中国政法大学的讲话指向性强，意义重大，正如卞建林教授所说："总书记提出了法治人才培养的明确目标，指引着法学教育的长远发展。"就习近平总书记在讲话中关于立德树人、德法兼修、抓好法治人才培养的论述，湖南省浏阳市人民法院院长李波深认为，这一要求需通过实践的路径来落实。他提出："法治实践也是法治人才培养的重要一环。法学学生从校园走上工作岗位，必须在工作中做到法理并重、德法合一，在广泛深入的实践中成长成才。"②

通过上文介绍，我们发现，在 2017 年，党和国家对于法治建设和法学教育作出了一系列重要论述和重大部署，这就要求我们必须重新审视和调整法学实践教学的目标、任务、内容和形式。笔者认为，单纯以熟练掌握法律实务技能作为法科人才培养目标以及仅将职业需求作为法学实践教学的单一维度已不能完成适应新时代对法治人才的发展要求。笔者建议，未来我国法学实践教学在坚持职业维度取向的同时还应引入社会维度，即将课堂教学与中国社会现实紧密结合，引导学生在社会实践的大舞台中感知国情社情，沟通民心民意，探寻实现良法善治之道，激励更多法科学子立志于为世界法治文明建设贡献中国智慧和中国方案。

四、社会维度法学实践教学的实施路径分析

以往不少高校法学实践教学基本上是围绕职业维度这一取向来展开，其载体和形式基本上包括在学院内部组建法学诊所、模拟法庭以及在法律实务部门设立实习和实践基地等。社会维度的法学实践教学在之前虽然较少被提及、研究，但

① 参见：新华网. 习近平在中国政法大学考察［EB/OL］.［2017-11-15］.http://news.xinhuanet.com/politics/2017-05/03/c_ 1120913310.htm.

② 参见：陈菲，等. 为全面依法治国培养更多优秀人才［N］. 人民日报，2017-05-05（2）.

其实不少高校在实际工作中已有相应的探索和设计。尽管如此，在人们对法学实践教学的概念界定以及实现方式尚未达成共识的大背景下，社会维度的法学实践教学自然也就难以得到应有的重视。

以中国政法大学为例，在其新修订的《本科培养方案》（2017 版）关于法学专业（法学人才培养模式改革实验班）学分分配中，实践教学学分共计 36 学分，占到学生需修学分总数的 17.6%。这 36 学分的具体构成情况是：军训 1 学分、公益劳动和志愿服务 1 学分、社会实践 2 学分、学年论文 3 学分、读书报告 3 学分、法律诊所 5 学分、专业实习 5 学分、毕业/学位论文 16 学分。可见，在新版法学专业本科培养方案中，能被中国政法大学认可的实践教学形式包括军训、公益劳动和志愿服务、社会实践、学年论文、读书报告、法律诊所、专业实习和毕业/学位论文。其中，法律诊所和专业实习属于传统意义上职业维度取向的法学实践教学方式，军训、公益劳动和志愿服务则是带有通识性质的人才培养方式，学年论文、读书报告以及毕业/学位论文严格来说都不能算作是真正意义上的法学实践教学方式。可以称得上是社会维度法学实践教学方式的只有其中的社会实践了，但只占 2 学分，规定时长为 4 周，可见其分值之低、比重之小。

笔者认为，结合已有的育人载体和实现方式，社会维度的法学实践教学主要有两种：一种是上文提到的与法学教学和研究紧密相连的社会实践，另一种则是相关兴趣小组或研究团队运用所学法学专业知识为了研究破解某一社会现象或问题而参加的学术或学科竞赛。下面逐一进行介绍。

社会实践是目前在高校中被大家广为接受的一种育人方式，刘晓东等认为，大学生社会实践是指大学生在高等学校结合其培养目标的引导下，以大学生为依托，以社会为舞台，开展的接触社会、了解社会、服务社会，并从中接受教育、培养综合素质的一系列有组织、有计划的活动的总称。[①] 社会实践在中国最早起源于 20 世纪 80 年代共青团中央号召全国大学生在暑期开展的“三下乡”活动（即有关文化、科技、卫生方面的内容知识让农村知道，促进农村文化、科技、卫生的发展），所以，在大多数高校中，共青团组织成了社会实践的牵头和组织单位。也正因为此，社会实践的“活动性”明显，“教学性”不足，不少高校法学院在实

---

① 刘晓东. 大学生社会实践理论与实务［M］. 北京：高等教育出版社，2014：2.

践教学开展中与社会实践结合不够，这也成了长期以来法学实践教学社会维度缺失的原因之一。

不过，这种现象在当前已有一定改观。以首都经济贸易大学为例，学校党委近年来在“大思政”的视域下来推动全校实践育人工作的协同创新，要求课堂讲授的重点、难点与社会实践的内容、形式紧密结合；校团委也鼓励青年教师发挥专长，积极参与学生实践项目的选题策划和实践活动，取得了较好成效。该校劳动经济学院纪韶教授带头指导学生社会实践的做法得到了习近平总书记的高度赞扬，法学院青年教师陈寒非指导的“村规民约在新型旅游乡镇中的治理作用”实践项目获得首都经济贸易大学 2017 年暑期社会实践风采奖一等奖。

以往法学院学生参加的学科或学术竞赛可谓种类繁多，但多侧重职业维度取向，诸如北京市大学生模拟法庭比赛、WTO（世界贸易组织）模拟法庭竞赛、辩论赛等。如果要说侧重社会维度且在全国范围有较大影响的竞赛则当属“挑战杯”全国大学生系列科技学术竞赛。自 1989 年首届竞赛举办以来，“挑战杯”竞赛始终坚持“崇尚科学、追求真知、勤奋学习、锐意创新、迎接挑战”的宗旨，在促进青年创新人才成长、深化高校素质教育、推动经济社会发展等方面发挥了积极作用，在广大高校乃至社会上产生了广泛而良好的影响，被誉为当代大学生科技创新的“奥林匹克”盛会。在以往竞赛中，理工科学生参与热情高且获奖概率大，近年来，鉴于该赛事拥有较大影响力且比赛规则具有较强的实践指向和现实意义，也获得了越来越多包括法科学子在内的人文社科学生的青睐，在大赛中也多有不俗表现。

比如在 2017 年举办的第十五届“挑战杯”全国大学生课外学术科技作品竞赛的 39 件特等奖中，法学类作品有 5 件，分别是北京师范大学的《资源型村庄的权力结构及治理的变迁——基于对山西省 T 村历史的实证研究》、华东政法大学的《农民专业合作社运行现状与利益联结机制研究——基于鲁、皖、浙三地合作社实地调研》、温州医科大学的《最好的告别：安乐死的社会意愿及合法化路径探究——以浙江省为例》、华中师范大学的《从“愁城难解”到“城人之美”：基于武汉市流动摊贩的全民自治模式探究》以及中南大学的《法律规制视角下历史遗留重金属污染防治的风险分析与对策选择调研报告》。虽然这 5 件作品在特等奖中所占比重不是很高，但考虑到在以往“挑战杯”获奖中基本被理工科学生“一统天下”，现在能有5件法学类作品跻身全国特等奖行列，已实属不易。而且与上一届的3件法学类特等奖作品相比，这届5件法学类作品已有一定进步，这也让我们看到了其良好的发展态势。

综上所述，为法学实践教学引入社会维度是中国新时代法学发展的必然要求。各高校在法学人才培养中应尽快纠正单一职业维度取向实践教学的偏差，以更开放的眼界和更大的力度来扎实开展社会维度法学实践教学，推动法学课堂讲授与社会实践、相关学术竞赛的有机融合，力争在新时代培养出更多会通中西、德法兼备的优秀法学人才。

金融法案例翻转课堂教学研究*

杨志超**

摘　要　金融法案例教学是金融法授课中的重要内容，作为法学和金融学的交叉学科，我国金融法案例教学无论在内容或方式上都存在着现实的矛盾。翻转课堂是以网络学习的手段通过逆序学习的方式颠覆传统模式的教学方式。金融法案例教学中引入翻转课堂，能够有效地解决其教学内容和方式中现存的矛盾，提升学习的效果。金融法案例翻转课堂的良好运行需要完善硬件条件和软件环境，在侧重知识教育的同时应强调学生人格的培养，还应考察金融法案例具体内容讲授时翻转课堂的适用性问题。

关键词　金融法　案例教学　翻转课堂　微课

一、金融法案例教学的意义与存在的问题

金融行业是经营风险的特殊行业，集中经营金融风险有利于提高社会资源的配置效率，但是，金融行业在发挥其资金融通中介功能的同时，也极易造成风险的转移和积聚。党的十九大报告提出“守住不发生系统性金融风险的底线”，这是习近平新时代中国特色社会主义思想在金融领域法治化方面的重要思想，是我国金融法制发展与金融改革实践探索相结合的重要成果。随着我国经济的发展，金融业在市场经济中的地位日益凸显，金融法的内容也在迅猛增加。因此，加强金融法的教学对于我国培养复合型人才、完善金融监管有着重要的现实意义。

---

*　本文系山东政法学院教学研究与教学改革项目“法律援助与诊所教育融合机制研究”（项目编号：2017JYB005）的阶段性成果。

**　杨志超，法学博士，山东政法学院副教授，研究方向为金融监管、金融法。

金融法案例教学是金融法授课中的重要内容，在案例教学过程中，教师以授课目标为导向，通过典型性的案例再现金融法律运行过程中的实际场景，使学生融入现实的案件中。教师结合金融法律的规定对案例进行条分缕析，经过师生之间的交流互动，由演绎转化为归纳，使学生厘清复杂金融活动过程中的法律关系。金融法案例教学是一种有效的双向型教学模式，通过详细规范、具体生动的案例阐释抽象的金融法律条文，能够启发学生的独立思考，使学生能够在把握金融法理论知识的基础之上，提升分析和解决金融法现实问题的能力。

作为法学和金融学的交叉学科，我国金融法案例教学无论在内容还是方式上都存在着现实的矛盾。一方面，就授课内容而言，主要存在金融法内容繁杂与课时安排过少的矛盾。金融法制源于金融业的实践，广泛的金融活动使金融法制成为“一揽子”的法律规范，包括银行法、保险法、证券法、信托法、票据法、融资租赁法、融资担保法、外汇管理法等，而且上述任何一项均可细分，如银行法又可分为中央银行法、商业银行法和政策性银行法等。但多数高校的金融法课程安排的课时却只有36课时，很难满足金融法教学的需要。“为了解决这个矛盾，教师不得不在教学中学会‘取舍’。”[①] 而取舍后或者说是“蜻蜓点水”式的金融法教学使学生无法全面把握和深刻理解金融法的内容，明显降低了学习的效果。另一方面，就授课方式而言，主要存在金融法案例讲授时教师为中心与师生互动的矛盾。当前，各高校金融法教学中的案例内容更多依靠教师讲授，教师居于案例授课的中心。由于金融法律案例较一般民商事案例更为复杂且涉及的金融法律法规具有专业性，教师不得不拿出大量时间提供案例和解释相关规定，这种授课方式导致学生很难形成对金融法的深入理解。另外，通篇的教师讲授也缺乏与学生的良性互动，学生难以融入实际的场景，影响了学生的学习积极性。而且，目前国内高等院校法学教学过分注重理论教学，忽视学生实践能力的培养。[②] 经过一个学期的学习，学生很难深入金融法律的核心知识从而把握金融案例中的主要争端和裁判要旨，更难以知晓金融法案例中实际的操作流程，使本来实用性极强的金融法课程反倒不如其他课程实用。

---

① 王华秀. 金融法教学过程中的“取舍”之道［J］. 法制与社会，2011（4）.

② 熊礼慧. 翻转课堂、案例分析法与保险学课程教学［J］. 当代教育实践与教学研究，2017（12）.

二、翻转课堂创新的教学流程

翻转课堂（Flipped Classroom）的理念起源于美国，最早由 Alison King 在其出版的著作中提出，他主张课堂时间应当主要用于建构知识意义而非仅仅传递知识信息。20 世纪 90 年代末，J.Wesley 在第十一届大学教学国际会议上发表关于翻转课堂的文章，“翻转课堂”一词首次出现在人们的视野中。2000 年，美国经济学教授 Lage、Platt 和 Treglia 发表了题为“翻转课堂：创造一个包容性学习环境的门户”的论文，介绍了他们在大学翻转课堂的实践。翻转课堂教学模式的应用最早可追溯到 2007 年，一位美国教师将录好的视频“发布到网络上供生病缺课的学生使用，该视频不仅受到缺课学生的好评，同时其他学生也利用该资源进行复习和强化学习”[①]，达到了良好的学习效果。

翻转课堂是一种混合式学习的教学策略，是以网络学习的手段通过逆序学习的方式颠覆了传统模式的教学方式。它将传统上认为应当通过家庭作业方式完成的教学任务转移到课堂之上，同时又将传统上认为应当课上完成的教学任务转移到了课堂之下，通过在线学习的手段使教学流程由“先教后学”转化为“先学后教”。在典型的翻转课堂教学过程中，学生首先通过在线观看教师视频的方式主动学习基础的教学内容，完成低阶的教学任务，包括了解基础的概念、掌握整体的知识框架、完成少量的测评、实现学习内容的陈述以及形成对学习知识的疑问，同时能够通过网络的方式与教师或同学在线讨论或合作，以达到对教学内容的整体把握。然后再回到课堂之上，通过师生互动的方式掌握知识并加以运用，完成高阶的教学任务，包括自学检测、反馈讲评、合作纠错、问题解决、变式提升、拓展延伸等，达到知识内化的目的。最后通过知识梳理、聚焦问题、课后完成作业、实践练习、总结反思等方式提升学生解决实际问题的能力，达到更高的学习层级。

翻转课堂的教学方式“翻转”了知识学习过程中的知识传授与知识内化两个阶段，解决了传统教学中学生克服学习中重点难点时教师往往不在现场的问题，即分解了知识内化的难度，增加了知识内化的次数，促进了学生的知识获得。[②] 翻

① 范文翔，马燕. 移动环境下微信支持的翻转课堂实践研究 [J]. 开放教育研究，2015（3）.

② 祝智庭，管珏琪. 翻转课堂国内应用实践与反思 [J]. 电化教育研究，2015（6）.

转课堂成功地实现了以教师为中心焦点向以学生为中心焦点的转变，在这种学习方式下，在线学习能够为学生创造有意义的前置学习机会，使教师和学生能够更加深入地“探索”学习的内容而非仅仅由教师向学生“传递”学习内容，讲座式的内容解释转化为讨论式的项目研讨，增加了学生学习的兴趣，能够有效地提升学习效果，尤其是提升了学生的实践能力，实现了教学流程的逆序创新。

三、金融法案例教学翻转课堂的必备要件

金融法案例教学中引入翻转课堂的形式，能够有效地解决其教学内容和方式中现存的矛盾，提升学习的效果。首先，翻转课堂的教学形式由“先教后学”改进为“先学后教”，学生通过提前观看教师精心设计的教学视频，能够自行完成金融法基础知识的学习、金融法律条文的掌握以及金融法案例案情的把握，大大减少了上课过程中教师对基础知识的讲授和案情的介绍，能够使学生自行控制学习的进程并思考案例的核心问题。其次，在学生“先学”的基础之上，课堂中更多的时间留给教师对重点问题的讲授、学生对核心问题的学习以及师生对金融法现实问题的互动探讨。教师从过去单纯的金融法知识的传授者转变为导学者，学生从过去被动的知识接受者转变为主动的研讨参与者和现实的问题处理者。最后，在学生“先学”和师生互动的基础上，学生能够将所学习的知识应用于实践，易于成为金融法实际问题的操作者。在金融法案例翻转课堂的教学中，学生对自己的学习负责，高投入的时间和精力能够激发学生面对金融法现实问题的主动性，自然可能有知识的高产出，使学生掌握金融法技能的同时获得思维品质的提升。

金融法案例翻转课堂教学目的的实现不可能仅仅依靠传统教学中的教师、课本、教案和教学课件，而是有赖于一系列精心的准备，至少应当实现以下四个方面的变革。首先，应当有具备信息化教学能力的专业金融法教师。在翻转课堂中，金融法案例教师能够通过信息化的方式处理精心准备的金融法重点知识、金融法典型案例以及金融法课程核心问题。尽管“课堂的翻转似乎把教师从知识传授过程中解放出来”，但其实教师“却相应地承担着更大的责任”。[①] 其次，应当提供优质的金融法案例微课资源。高质量的微课资源，既包括金融法案例教学等“神”

① 祝智庭，管钰琪. 翻转课堂国内应用实践与反思［J］. 电化教育研究，2015（6）.

的内容，也需要拍摄与制作技术等“形”的内容。不能仅仅是一次微课课程，而应是一个系列的微课课程；也不能仅仅是课程和案例知识资源，还应当包含金融法相关的知识资源。再次，学生应当具备现代化的学习环境。学生的“先学”应当具备良好和便捷的学习条件，随着网络技术的发展以及手机平板等设备的普及，学生移动学习已经有可能实现。为给学生提供便捷的学习条件，学校应当积极提供无线的网络环境、良好的网络教学平台甚至专业性的网络学习教室。最后，学校应积极推进创新性的多样化教学模式。金融法案例翻转课堂可以采用多种教学模式，而不能仅限于传统的教学模式。学校应当允许并积极鼓励师生创新教学模式，包括小组合作、线上互动、课堂汇报以及师生互评等。灵活的教学模式能够激发学生创造性的学习，增强学生对金融法问题的实践操作能力。

四、金融法案例翻转课堂教学中的潜在问题及完善策略

翻转课堂教学模式正在逐渐地引入我国的高校教学之中，更多的法学院校也在积极地探索和实践翻转课堂的教学模式。一方面，翻转课堂对于培养学生的学习自主性、协作精神、创新精神以及活跃课堂氛围、增进知识内化确实比传统教学模式更有优势；但另一方面，我国翻转课堂自身也存在一些潜在的问题。这些问题在金融法案例翻转课堂中同样存在，具体包括以下三个方面：第一，翻转课堂硬件和软件方面的不足。翻转课堂既需要网络环境、软件客户端、使用终端等硬件设备，也需要专业金融法教师、微课视频以及精选案例等软件资源。目前，我国刚刚引入翻转课堂的教学模式，很多课程尤其是金融法案例教学翻转课堂还在探索之中，无论在软件和硬件方面都有着明显不足。第二，翻转课堂侧重知识教育的同时忽视了人格的培养。知识习得的过程，如先学后教、先教后学等尽管可以随意翻转，但人的道德形成过程，即“认同—接受—欣赏—坚守”的过程无法进行翻转。[①] 金融法教育涉及金融学和法学两个学科，道德的培养是金融法人才必须强化的内容。第三，翻转课堂教学模式的适用性问题。尽管翻转课堂的价值不容置疑，但是否适合所有的课程以及是否适合一门课程的所有教学内容尚需要实践进行检验。为了更好地推进金融法案例翻转课堂教学，在具体实践中应当

① 孙峰. 翻转课堂的理性反思与本土化建构［J］. 电化教育研究，2015（9）.

注重四个方面的完善策略。

（一）完善翻转课堂硬件设施，提供教学信息化支撑环境

翻转课堂教学模式对于学校整体的教学环境提出了新的要求，其内在特质决定了成功推行必须要求具备信息化的教学环境。首先，要求具备良好的微视频平台，该平台应当包括微视频制作系统、发布系统、交互系统、支持与服务系统以及管理系统等。微视频平台的建设受制于资源与设备、技术人员以及教室条件，是无法靠金融法教师及其自身专业所能够解决的。其次，应当具备良好的网络带宽和服务器容量及并发能力，使教师能够顺利发布微视频，学生能够在不延迟的环境下获得微视频。最后，师生均具备便捷的电脑终端，包括个人电脑、平板或者手机等，使教师可以随时发布或修正金融法案例教学内容，使学生可以随时利用电脑终端在各种环境下便捷学习。

（二）提升金融法案例教学水平，激发学生主动学习的意识

金融法案例翻转课堂对于教师提出了更高的要求，教学要积极转变角色，从传统上知识的灌输者转换为一个知识的引导者或启发者。教师除应具备扎实的专业知识外，还要有科学研究、组织协作、教学资源开发的能力。金融法案例翻转课堂教学模式更加强调教师与学生之间以及学生相互之间的交流和互动，强调对金融法案例中的核心问题进行多视角、多层次的剖析和研讨。金融法案例翻转课堂更加强调学生的主动学习，通过微课程的形式使学生在把握金融法理论知识、核心法律法规和金融法案例案情及社会背景的基础之上，能够深入地把握金融法的核心知识和实践操作。翻转课堂能够真正创造出与现实接近的法律环境，为学生提供针对实际问题表达自身观点的空间。主动学习才能使学生形成适用于金融法律法规的逻辑思维，掌握分析金融法现实问题的方法和技巧，提升解决金融法现实问题的能力。

（三）注重金融法知识学习的同时强调道德意识的培养

金融是现代经济的血液，为实体经济提供资金要素，是驱动经济增长的动力。但金融的操作者由于注重对效率和利润的追逐，易于丧失公平正义的底线，使金融最终异化为道德秉性缺失的逐利手段，从而危害经济和社会的发展。金融法案

例教学翻转课堂颠覆了金融法知识学习流程的同时也对学生道德意识形成的过程形成冲击，这可能最终不利于学生的长远发展。因而，在金融法案例翻转课堂教学过程中，教师在注重知识学习的同时，应当更加强调从道德的角度评析金融法案例中的法律主体、法律行为和法律关系，注重培养学生的社会担当精神，避免引导学生过于注重效率和盈利。

（四）具体问题具体分析，关注金融法案例课程中翻转课堂的适用性问题

金融法案例翻转课堂中，教师是设计者，在精心组织和准备教学的过程中，应当选择适当的教学方法，以增强教学效果及拓展学生的思维空间。翻转课堂作为传统教学模式的创新，能够带来知识传授的提前和知识的内化，但无法代替真实的师生互动教学过程。[①] 教师应当具体问题具体分析，应当考察金融法案例教学中的具体章节，研究其所有的金融法案例内容是否都适合运用翻转课堂的教学模式。通常，金融法案例导论课程由于具有先导性和框架性特征并不适合于翻转课堂，金融法案例课程中理论色彩浓厚及金融专业较强的内容也不适合于翻转课堂。简言之，适合学生自学的内容可以运用翻转课堂的形式节省课堂时间、启发学生思考，但学生难以自学的内容仍需要教师在课堂上引导，才能使金融法案例翻转教学在匹配学生能力提高的同时满足教学目标的要求。

---

① 赵兴龙. 翻转课堂中知识内化过程及教学模式设计［J］. 现代远程教育研究，2014（2）.

“互联网+”背景下的法律诊所实践教学模式创新

——以首都经济贸易大学法律诊所为例

李长城*

摘　要　互联网信息技术的爆炸式发展，在为法律职业带来挑战与机遇的同时，也为面向法律实务的法律诊所教育带来了革故鼎新的契机。本文以此为视角，分析法律诊所实践教学中长期存在的局限，以及互联网技术发展提出的新命题，并以首都经济贸易大学法律诊所为例，刍议法律诊所实践教学的模式创新。

关键词　法律诊所　互联网　模式　创新　律师机器人

诊所式法学教育自 2000 年进入我国以来，经过长期的本土化探索和实践，已经成为训练法律职业人才的重要方法和法学教育不可或缺的实践环节。但在其本土化过程中，也逐渐呈现出种种局限与困境。

近年来，互联网信息技术的爆炸式发展，在为法律职业带来挑战与机遇的同时，也为面向法律实务的法律诊所教育带来了革故鼎新的契机。本文拟以此为视角，探究法律诊所实践教学的模式创新。

---

* 李长城，首都经济贸易大学法学院副教授，法律诊所负责人，硕士研究生导师，研究方向为民商法、法学教育、法律科技与法律普惠。

一、局限与痛点：反思传统法律诊所教学

（一）学生代理诉讼存在身份和程序障碍

2013年《中华人民共和国民事诉讼法》修订后，不具备律师职业资格的法学院学生如在法律诊所援助案件中作为诉讼代理人，需要取得当事人所在社区、单位以及有关社会团体的推荐材料，这实际上对学生通过诉讼程序参与法律实践构成了实质性障碍，使得法律诊所实践教学在大部分案件中止步于诉前咨询阶段，学生实践训练无法贯彻。

（二）学分设置导致学生激励和约束不足

很多院校将法律诊所课程设定为双学期选修课，时程较长但学分激励不足。由于该课程主要面向三、四年级本科生，学生在升学就业的压力下，往往回避选择法律诊所课程，即使选择了该课程，也难以投入充足精力。①

（三）法律诊所案源数量有限、类别狭窄

大部分法律诊所对外称为高校法律援助中心②，而法律援助对象的特定性限定了法律诊所当事人的数量和案件类型。多数案件集中在本地劳动用工领域，学生难以接触到不同类型的法律实践机会。

（四）外部实务专家指导有限、难以持续

很多高校的法律诊所课程试图建立起法官、检察官、律师等一线实务专家、实习基地与指导教师共同指导的开放性教学模式，但由于诊所教育投入大、耗时长、互惠机制普遍不健全，外部专家指导和实习基地支撑缺乏内在动力，易流于形式。③

（五）法律诊所训练内容和方法亟待更新

近年来，伴随互联网信息技术革新对法律职业的冲击和改造，越来越多的律师事务所开始尝试在法律电商平台上接洽和吸引客户，使用大数据分析

① 参见：李长城. 浅谈法律诊所教育的困境与对策［J］. 湖北社会科学，2011（8）：153.

② 李傲，许炎. 法律援助与法律诊所之甄别与整合［J］. 法学杂志，2003，24（6）：62.

③ 刘英. 法学实践教学机制与社会资源评析［J］. 中国法学教育研究，2014（4）：69.

案件的胜诉概率，使用可视化工具制作法律关系示例，甚至建立具有机器学习机能的智慧问答数据库等。法律诊所传统的以“会见—证据—文书—庭审—谈判”为主干的训练内容和方式已不能使法律诊所的学生获得开始从事法律职业所需的基本工作技能。

二、挑战与机遇：“互联网+”法律诊所何去何从

（一）互联网对法律行业的冲击与改造

作为法律诊所的学生的职业前训练，法律诊所教学对互联网信息技术发展的适应与利用的模式构建，首先需要观察总结法律行业整体在“互联网+”背景下受到的冲击与改造压力。

1.“互联网+”重构联结模式

典型的表现，一是“互联网+社交”改变了传统法律行业品牌塑造和传播的路径。通过社交媒体订阅号发布和人际扩散，法律人能够打破职业壁垒，在更广阔的潜在客户群体中树立个人和法律服务机构的品牌，而依赖当事人口耳相传的声誉积累可能被颠覆。二是“互联网+商务”改变了法律人与当事人的互动和关系维护模式。从熟人介绍、预约面询到在法律电商平台上挑选律师在线咨询，法律服务的流程变得更加扁平和市场化。三是“互联网+律所”改变了传统律师事务所的多团队、跨领域、跨地域协同合作方式。异地调查取证等业务只需要在相关平台上发标，由成功竞标的异地律师事务所代理，法律服务的地域限制被进一步瓦解，法律职业共同体内部的关系逐步被改变。

2. 新兴技术改造办公方式

随着自动化办公、电子证据收集以及法律检索工具的智能化、集成化水平不断提高，法律实务工作的诸多环节被自动化程序取代，因此，学习与掌握应用程序是十分必要的。

（二）法律诊所实践教学的模式创新思路

基于上文的观察与总结，法律诊所实践教学若想进一步回应法律职业和社会现实的需求，即应在兼顾破除既往由实践模式长期形成的瓶颈的同时，引导法律诊所学生尝试通过互联网和新媒体的渠道接触当事人、维护客户关

系、进行团队协同、塑造职业形象，并增加关于信息化、智能化办案办公应用的必要指导。

法律诊所教育不是另一种灌输知识的模式，而是用来开发学生的智力和法律思维能力，使其知道如何在实践中学习和应用法律。这意味着当宏观技术环境和当事人法律消费习惯已经对法律职业进行大刀阔斧的改造时，法律诊所教育必须调整自身的教学模式，以引导学生了解和适应新的工作方法。

三、创新与实践：从组织模式到应用技术

首都经济贸易大学是我国最早开设法律诊所课程的高校之一。作为财经类高校法学院，规模较小，首都经济贸易大学法律诊所于是在长期摸索中形成了“关注公益性案件、探索多模式发展”的思路，一方面遴选具有积极社会意义和示范效应的案件，每年度深耕一例；另一方面引导学生在法律程序之外，围绕案件进行公众普法和媒体传播等二次挖掘。在这一思路的指引下，首都经济贸易大学法律诊所自 2011 年开始通过微博等互联网媒介进行法律咨询与法律援助的实践。

近年来，该校法律诊所结合互联网信息技术发展和法律职业的变化，对实践教学内容与模式进行了进一步优化创新。

（一）借助微信公众号开展“校友法律援助计划”

为解决法律诊所案件量少、类型单一的问题，首都经济贸易大学法律诊所与本校校友总会协作发起“校友法律援助计划”，由法律诊所学生、指导教师和法学院校友组成“法律援助共同体”，通过同名微信公众号为本校校友、师生和社会公众提供法律服务，实现校友法律服务需求与法律诊所学生实践需求的匹配。

1. 案件来源

由于首都经济贸易大学校友总会将该计划作为校友法律服务的统一平台，因而法律诊所学生接触的案件数量明显增加、类型丰富。校友总会可为学生代理案件出具推荐函，解决其代理人身份问题。

2. 教学模式

法律诊所学生在接受常规法律实务基础训练后，即开始按照轮班安排，在微

信公众平台上完成以普法推文撰写和在线法律咨询为主的教学实践任务。其撰写的文章和答复，需经至少一名指导教师或校友法律人审核修订后，方可对外发布。为便于及时指导学生，“法律援助共同体”三方共建微信工作组，保持日常沟通的活跃。

3. 学生激励

“校友法律援助计划”申请成为法学院实践教学项目，参与本项目的学生在法律诊所课程学分外可额外获得社会实践学分。

4. 互惠机制

为鼓励实务专家提供持续、深入的指导，参与“校友法律援助计划”的法学院校友优先邀请在校期间曾接受法律诊所训练者。线上咨询案件转化为线下律师服务的，由指导该案的校友律师代理、首次接待该案的法律诊所学生全程协助。校友律师收取服务费超过一定数额的，按约定比例返还至校友总会“校友法律援助基金”，用于持续开展本计划。

5. 课程考核

指导教师对传统法律实务技能训练和“校友法律援助”参与情况进行加权评分，其中需考虑学生普法文章的撰写、在线法律咨询及案件辅助工作表现，与校友法律人沟通后确定。

在此种创新模式下，实务专家的积极性得到了调动，与指导教师、诊所学生实现了长期稳定的密切配合，同时解决了法律诊所长期面临的代理身份、案源短缺和经费不足问题。“校友法律援助计划”成为校友服务的品牌，得到了学校领导的关注与支持。

（二）律师机器人试验式研发

在开展“校友法律援助计划”的过程中，首都经济贸易大学“法律援助共同体”意识到随着咨询者数量的增加和需求的日趋多元，以人为单位的法律咨询将带来巨大的时间成本，因而势必不能成为未来法律职业的远期发展方向。

1. 指导思路

指导教师引导学生探究解决方法，逐步明确要从根本上解决法律需求与供给的矛盾，就需要改变法律服务的提供方式，建立可重复、批量化、自动化的法律问题解决模型。为此，法律诊所教师决定结合“互联网+法律科技”的发展趋势，指导学生进行律师机器人模型的试验式研发，通过微信表单框架，以人机对话界面模拟律师咨询过程，采集当事人案件数据，并经过程序化的法律逻辑推理，导出法律咨询意见。

2. 教学内容

指导教师和校友法律人分阶段对学生进行包括法律实例分析、思维导图训练、法律意见撰写、法律数据检索和在线咨询话术在内的系统训练和指导，使学生熟练掌握开展互联网法律服务所需的基本技能。同时，邀请信息技术专家帮助学生搭建律师机器人系统框架，实现功能并指导测试。

3. 初步成果

经过约半年的尝试，首都经济贸易大学法律诊所师生和校友法律人已基本完成律师机器人系统建设和法律检索、模板下载、数据计算等辅助功能支撑，可以通过该系统，为当事人提供24小时不间断的自动化法律咨询。法律诊所师生将该系统定位为案件预处理系统，嵌入“校友法律援助计划”微信公众平台，可完成案件信息采集并初步提供法律意见。而学生可在指导教师和校友法律人的指导下，处理当事人更具复杂性、综合性的工作任务。

4. 积极意义

在法律诊所实践教学中开展律师机器人试验性研发，印证了法律诊所学生对互联网信息技术的接受意愿与能力，使学生在系统探究和建设的过程中深度学习了法律职业的新模式、新技术、新思维，深刻体验了互联网信息技术对法律服务提供方式的冲击和改造压力。与此同时，该系统中人机对话模拟律师咨询的功能，可在法律诊所日后的教学中作为当事人会见和问询教具，帮助学生训练会话技能、塑造律师思维。

四、展望

法律实践和法学教学，一度被认为仍滞留在远离互联网的相对传统的模式中，而现实表明，技术创新对法律行业的改变其实深刻且迅速，更多崭新的命题正不断涌现到法学教育者面前。

值得乐观的是，法律诊所教学模式具备的实践性、技术性和开放性[①]特征，使其天然具有拥抱社会新形态、兼容科技新进展、满足公众新需求的弹性；而在技术升级和模式创新的过程中，很多传统法学实践教学的难题也被一并破解。

① 郑曙光. 法律诊所教学的理论与实践［J］. 宁波大学学报，2013，35（1）.

法律案例视频在"合同法"课堂教学中的应用初探*

王德山　郝晓敏**

摘　要　在"合同法"课程的课堂教学过程中，利用多媒体将与合同纠纷有关的真实案例视频作为教学案例在课堂上进行播放，并结合该案例，将合同法基础知识、基本理论直观而生动地传授给学生。在"合同法"教学过程中播放真实案例视频，可以使学生更加深刻地领会和掌握合同法基本理论与基础知识，提高学生实际分析问题以及法律应用能力，对于培养应用型法律人才具有重要意义和价值。但作为教学案例，在案例视频选用方面应当明确教学目标，要与所要讲授的基本理论和知识点紧密相关，并具有问题导向性；在具体使用时必须做到精心安排，把握得当。

关键词　"合同法"课程　课堂教学　案例视频

一、引言

法学教育是以培养知识性与技能型并重且具有坚定的法律信仰、敏捷的法律思维以及实际应用能力的法律专业人才为目标。"作为一种特殊的素质教育，法学教育的目标和功能归结起来，可以说有两项：一是把学生培养成为高素质的优秀公民，二是把学生培养成为高素质的法律职业工作者。"①"合同法"是一门实务

---

* 本文系2017年首都经济贸易大学教育教学改革立项项目"法律视频案例在'合同法'课堂教学中应用研究"的研究成果。

** 王德山，首都经济贸易大学法学院副教授，硕士研究生导师；郝晓敏，首都经济贸易大学法学院硕士研究生，专业方向为民商法学。

① 张文显. 法理学［M］. 北京：高等教育出版社，2011：15.

性很强的法学课程，因此，如何根据“合同法”课程的特点，运用行之有效的教学方法，使学生不但熟知合同法的基本理论和基础知识，而且能够学以致用，具有较好的实际应用能力，是非常值得研究的课题。视频案例教学无疑是“合同法”课程在课堂教学中比较切实有效的教学方法之一。

二、“合同法”教学中应用视频案例的理论依据

“合同法”课程视频案例教学，是在“合同法”课程教学过程中，利用多媒体将与合同纠纷有关的真实案例视频，在课堂上进行播放，并结合该案例，将合同法基础知识、基本理论直观而生动地传授给学生。视频案例教学是通过视频画面展现出真实的案例，给人以视觉、听觉等感官的冲击，把那些枯燥、抽象的合同法基本理论和基础知识通过视频展现出来，不但可以有效地吸引学生的听课注意力，激发学生的学习兴趣和热情，而且学生面对真实的人和事，如同身临其境，能亲身感受到真实的法律问题，从而使学生更加深刻地领会和掌握合同法基本理论与基础知识，提高学生实际分析问题和知识应用能力。

（一）应用型法律人才培养目标决定教学方法

包括我校在内的很多高等法学院校，将法律人才的培养目标定位于培养应用型法律人才，学生不仅要掌握法学基本理论和基础知识，而且必须具有较高的实际应用能力和实务操作能力。因此，课堂教学也必须围绕这一目标不断地改进和创新教学方法。正是由于教学目标以及“合同法”课程的自身特点，在“合同法”课堂教学中，运用真实的合同法案例视频让学生不出课堂、不出校门就能切身体验和感知法律实践。合同法案例视频是培养应用型人才最适当的教学方法之一。

（二）音像资料优于单一的声音或文字资料

实验心理学家特雷奇勒通过大量的实验证实：人类获取信息的83%来自视觉，11%来自听觉，3.5%来自嗅觉，1.5%来自触觉，1%来自味觉。[①] 视频案例教学的表现形式是视频和音频的结合，将案情通过影像、声音、文字等全方位展现给学生，使学生对案例的情节和法学理论印象更加深刻，知识的储备时间将优于传统教学的效果。传统法律案例教学法，教师口头叙述案情或者展示单一的文字材料，

① 张晓慧. 高职法学教育中视频案例教学法探究［J］. 才智，2013（17）.

学生无论是听到案情叙述还是看到文字材料，都是抽象的表述。单一地运用听觉或者视觉，虽然能够帮助学生理解和掌握所学知识，但仍然没有摆脱传统的讲授教学方法。而合同法视频案例本身是影像、声音、色彩和文字等多种媒体的集合体，可以给学生较大的冲击，可以充分调动学生听觉、视觉等多种感官交叉运用，能够让学生产生深刻的印象。[①]

（三）"合同法"课程的自身特点需要在教学中应用视频案例

从合同法的自身特点而言，合同伴随市场经济而产生，有交易就有合同，无论是企业经营还是人们的日常生活，几乎都离不开合同，所以"合同法"是一门实务性、应用性非常强的课程，这就决定了"合同法"课程在教学过程中必须注重理论与实践紧密结合，培养和训练学生的实际应用能力。与此同时，"合同法"课程包含的合同名目甚多，法律规定也比较繁杂，基本理论和基础知识较多，很多案件中包含多个法律关系，增加了学生学习的难度。单纯地靠教师的讲解很难使学生知晓其中的内涵，更有可能挫伤学生学习合同法的积极性。因此，在"合同法"课程教学过程中，给学生播放典型的合同法案例视频，既能使抽象的合同法内容形象化、具体化，降低学习难度，又可以使课堂教学更加生动，激发学生的学习兴趣。因此，法律视频案例教学在课堂教学中无疑是十分必要的。

三、法律视频案例教学的价值与意义

（一）有利于培养学生实际应用法律的能力

关于"合同法"教学方法，很多法学院校、授课教师都在不断地改进和创新，特别是案例教学被任课教师普遍采用，取得了良好的教学效果。但就案例教学而言，仍然是教师将经过加工的书面案情介绍给学生，或者通过 PPT 将案情的文字材料放到屏幕上让学生自己阅读。总体来说，这仍然是传统的教师讲学生听的灌输式教学方法，案情抽象，与学生将来面对真实的当事人和真实的案情仍然存在较大的差距，不利于学生应用能力的培养。

而视频案例教学克服了这一缺陷，视频案例教学发挥多媒体信息集成的特性，将"原汁原味"的案例展现给学生们，从视、听等多个方面加强学生对案例的印

① 许维安. 法学教学中推行视频法律案例教学法的探索［J］. 法制与社会，2010（29）：240–241.

象和理解，这不仅大大有助于学生在有限的单位时间内获取更多的信息，同时，视频案例将不可见变为可见，将静态转化为动态，将抽象的案情变为直观，其形象生动的画面和声音所展现的法律问题，既可以充分传达教学意图，又可以激发学生的学习兴趣，提高学生的学习积极性。[①] 播放的视频案例，给学生展现的是活生生的人和事，在课堂上就能使学生身临其境，如同面对真实的当事人和真实的法律问题，接触到实实在在的案情，拉近学生与案情的距离，使其更加客观地去认知案情，从而更加准确地把握案情中存在的法律问题，运用已学的理论知识去解决实践问题，让学生不出课堂、不出校门就能切身体验和感知法律实践，有利于学生应用能力和实践能力的培养。

（二）视频案例教学可以激发学生学习兴趣

学习法律规范是一件枯燥乏味的事情，教师在授课中如果只是传授一些基本的法学理论或一般地解说法律条文，而理论知识又抽象晦涩，学生只是被动地去接受，则这种灌输式的教学无法激发学生的学习兴趣，教学质量必然受到影响。而视频案例教学可以运用多媒体技术，把生动形象的法学案例展现给学生，给学生以新颖感，激发学生的学习法律热情，调动学生学习法律的积极性。[②] 视频案例教学发挥多媒体信息集成的特性，提供声音、文字、生动连贯的案情画面等，展示在学生面前的不是单调的教学文本内容，而是生动形象的知识集，能充分调动学生的视觉、听觉等器官，使学生保持高度的兴奋[③]，能从视、听两方面加强学生对案例的印象和理解，这不仅大大有助于学生在有限的单位时间内获取更多的信息，还可以使学生从始到终地参与整个案例分析的过程。

（三）有助于对合同法基本理论和基础知识的理解

视频案例教学的表现形式是视频和音频的结合，学生既能看得见又能听得到，动画结合、形象生动，通过多种感官的刺激获取信息量的效果比单一地听教师讲

---

① 危玉妹，危薇．视频案例教学：法律教学的新突破［J］．福建师范大学学报（哲学社会科学版），2006（6）．

② 危玉妹，危薇．视频案例教学：法律教学的新突破［J］．福建师范大学学报（哲学社会科学版），2006（6）．

③ 韩国芳．浅议在法学教育中视频案例教学的特点及应用［C］．2015 第一届世纪之星创新教育论坛论文集，2015：498．

课的效果要强很多。视频案例教学正是利用多媒体综合文、图、声、像等媒体技术，将文字、声音、图片、影像等一并显示。[①] 同时，案例来源于现实生活的热点问题，甚至是法学生生活中易接触的日常生活法律问题，学生本来可能就很关注这些焦点问题，希望通过自己已学的法律知识解决这些法律问题，如此通过对这些法律问题的分析，能使学生从中学到更多的法学知识。这样一来，法学视频案例教学就可以满足学生的求知欲，使学生通过鲜活的案例，运用学到的法学理论和法学知识去解决实践中遇到的问题，必然能够加深学生对理论知识的理解和运用。

（四）培养学生的法律思维

视频案例教学法对于学生来说，不仅有利于知识的系统学习，而且也有利于法律思维的培养。传统的法学授课方式单一，重理论传授轻实务实践，造成已学的理论知识和实务相脱节，难以培养学生的法律思维能力。法律视频案例教学则是播放实务中的真实案例，信息量大，内容丰富，可以多角度、多感官地完成对案件的重构，改善了教师在语音、文本等方面只以讲授为主的单调的教学方式；同时，通过组织学生对视频案例进行讨论、分析，引导学生如何运用法学理论去处理实务中的法律问题。因此，法律视频案例教学能够使学生掌握科学地分析问题、解决问题的方法和技巧，提高法律思维的素养。

（五）促进师生互动，实现角色转变

传统的教学方法是教师口述，学生仅是作为聆听者接受教师讲授的知识。虽然课堂上也进行案例讨论，但是无论是教师的口述案情还是文字展示，都很难调动学生的学习积极性。而视频案例通过声音、图像、文字等展现的清晰画面，当事人原汁原味的案情叙述，可以很好地吸引学生的注意力，引导学生深入地学习研究。“如果事前教师有的放矢就视频中的一些问题，在视频播放结束后与学生交流讨论，必然能形成热烈讨论的氛围，就能实现师生互动，并实现由传统的以教师为中心向以学生为中心的转变”[②]，这样无疑将大大增强教学效果。

---

① 危玉妹，危薇．视频案例教学：法律教学的新突破［J］．福建师范大学学报（哲学社会科学版），2006（6）．

② 许维安．法学教学中推行视频法律案例教学法的探索［J］．法制与社会，2010（10）：240–241．

四、视频案例在课堂教学中的应用

视频案例教学取得成功的关键因素，在于如何正确应用视频案例，课堂前期案例视频的精选以及课堂教学过程中的具体应用都十分重要。教师在授课中需要结合课程内容，巧妙地播放视频案例，让学生通过观看视频案例更深一步地思考、讨论，加深理解并掌握合同法基本理论和基础知识，让视频案例真正成为学生理解、掌握和应用合同法基础知识和基本原理的一个教学环节。

（一）与教学内容契合度高，知识点突出明确

播放案例视频是为了实现课堂教学目标，即帮助学生理解和掌握所学合同法基础知识和基本理论，收到更好的教学效果。因此，选用和播放的案例视频应当具有问题导向性和知识性，必须首先明确该案例所要解决的法律问题，最为重要的是必须与教学内容具有密切关联性。如果案例与拟将讲授的法律知识没有关联性，就失去了案例视频的意义和价值，变成了一种娱乐。因此，每个案例视频都必须对应一个或若干个合同法知识点，能够引发出一个或若干个法律问题，能够通过该案例帮助学生理解和掌握所学的合同法知识点，培养学生实际应用能力，才能体现出视频案例的价值和意义。

（二）课前精心准备视频案例

为了收到视频案例教学的预期效果，教师必须充分做好课前准备。教师应当根据本节课程教学内容和教学目标，熟悉案例视频的详细内容，深入挖掘视频案例中与拟将讲授的合同法知识点相关的节点。在此基础上，教师需要提前编制好课堂教学的“剧本”，掌握好案例播放的时机，特别须注意在教学中应当提出的法律问题以及提出多少法律问题等，唯有如此，才能达到视频教学的目的和功效，顺利完成课堂教学。

（三）准确把握课堂教学中案例视频的播放时机和应用目的

通过法律案例教学法的教学理念来看，案例教学基本分为三大类：第一类主要是以“案例”为中心，围绕案例进行教学工作。单纯的法学案例教学法中提倡和强调以“案例”为中心，达到以案释法的教学效果，基于深度剖析案例深刻理

解相关法律知识和理论。第二类主要以“案例”作为教学引导的内容，引导出相关法律问题，使学生对教师的授课产生兴趣，带着法律问题学习新知识。第三类是以“案例”深化法律课程的教学内容。因此，教师在使用、播放案例时必须根据案例使用目的，准确把握案例视频的播放时机。

1. 先播放视频后讲授知识

在讲授新的知识前，通过案例引出合同法律问题；对于教学中拟将讲授的合同法知识点，通过案例形式进行展开。对此，就要先播放案例视频，在播放案例过程中或播放之后，根据案情以及将要讲授的法学知识，向学生提出预先设计的法律问题，引发学生的思考。之后，在讲授知识点时，可以结合案例讲授法律知识，并进行案情分析，知识与案情融为一体，合理、有序地进行理论知识讲解和案例分析、讨论等。通过案例视频引出法律知识点，可以充分激发学生的学习兴趣，带着问题学习更易于领会合同法新知识、解决新问题。同时，把抽象的合同法理论加以问题化、形象化、具体化，不但可以激发学生的学习兴趣，而且减低了理解和学习难度，便于学生理解、掌握新知识、新理论。

2. 先讲授知识后播放视频

教师在课堂上先讲述本节课程的合同法基本理论和基础知识，为学生观看视频案例前做好知识铺垫，在学生对所学知识有了一定的理解和掌握之后，为了加深他们对所学知识的理解和应用，将事先准备的案例视频给学生播放，有针对性地提出问题，以便学生自觉地运用学过的理论知识去分析案情，实现教学目的。这种播放视频案例的目的，一是可以加深对所学知识的理解和掌握，巩固所学知识；二是可以培养学生的实际应用能力，通过将所学知识应用于实际，训练和培养学生分析问题和解决问题的能力。

3. 先播放视频后讲授知识，再播放视频

先播放案例视频，提出法律问题，后讲授知识，然后再播放案例视频。这是上述两种情况的结合。案例分析中要进行师生互动，对于合同法理论和知识的重点与难点，可以先播放相关案例视频，结合案例讲授新知识和新问题，或由学生提出问题，然后再次播放案例视频，就问题进行分析和讨论，形成师生互动。在师生互动的过程中，要鼓励学生勇于发表自己的观点，大胆地提出自己的看法，通过语言的交流，进一步融入案例中，全面地分析视频案例中的法律问题。有的视频案例中含有专家点评，或者已经有法院的判决结果等，学生也可结合专家的观点或法院的判决进行分析，发表观点，这样有助于培养学生的法律思维，提高解决问题的能力。

4. 教师和学生互动

教师的归纳、点评是视频案例教课至关重要的环节，也是视频案例教学达到预期教学目的关键所在。学生在分析讨论案例时会有不同见解或者观点，教师应对学生的观点进行必要的点评、归纳和总结。教师和学生积极互动和讨论，以及教师的点评可使学生养成好的法律思维，掌握处理法律问题的技能，从而达到教学目的。

五、案例视频的选用

教师在前期视频案例的选择是极其重要的环节，影视素材的好坏直接影响授课的质量。在依法治国的大背景下，人们的法律意识普遍提高，中央以及地方各大电视台纷纷举办法制栏目，制作播放了无数优质的法制节目。但在实际生活中，合同纠纷的案例却层出不穷，小到人们的日常生活如吃喝行、购物等，大到企业从事的经营活动。总之，在日常生活和生产经营中，合同无处不在，由此合同纠纷也层出不穷，纷繁复杂。因此，电视台制作的很多法律节目恰恰更多地与合同纠纷相关，而合同纠纷案例的广泛性和多样性为“合同法”课堂视频案例提供了丰富的资料来源，为教师收集教学案例视频提供了条件。但是，教师必须根据教学大纲、教学内容和教学目标，从浩瀚的法律影视节目中选用符合教学目标要求的案例视频，建立一个完整的合同法视频案例库。

（一）明确教学目标

合同法案例视频教学的目的当然不是让学生觉得好看好玩，而是必须服务于教学内容和教学目标。播放案例视频是为了实现课堂教学目标，即帮助学生理解和掌握所学合同法基础知识和基本理论，达到更好的教学效果。因此，在选用和播放视频案例之前必须具有明确的教学目标，否则，播放视频就变成了课堂娱乐，达不到视频案例的教学效果和教学目的。要实现视频案例选择的最优化，一方面，教师应当对教学大纲所规定的教学范围和课时要求做到心中有数，须根据教学内容和课堂时间要求确定视频案例；另一方面，教师应当对教学内容的关键知识点进行梳理，分析知识点的教学要求，根据学生对知识的了解、理解、运用等不同教学目标选择视频案例，保证所选择的视频案例能够有效地与教学知识相匹配。[①]

（二）与教学内容契合度高，知识点突出明确

选用案例最为重要的是必须符合教学的目的，与每节课的教学内容具有高度的契合性，充分体现教学的内容。视频案例的选用应当具有知识性、典型性、问题导向性和新颖性等特点，便于学生对法律知识的理解和应用。同时，每个案例视频都应当包含一个或若干个合同法知识点，使学生通过视频案例理解和掌握所学合同法知识点，培养学生实际应用能力。唯有这样，才能发挥视频案例教学的优势，达到视频案例教学效果。但是，这并不意味着视频案例不涉及其他内容，在符合本节教学内容的前提下，可以同时涉及其他法律知识点。综合性的案例不但可以帮助学生学习本节教学内容中的法律知识，还可以复习前期已学知识，或者预习未来将要学习的新知识，培养和训练学生综合运用法律知识的能力。

（三）案例具有简洁性

课堂播放的案例视频是以帮助学生理解和掌握所学知识点为目的，并非让学生分析、理顺合同纠纷的法律关系，或者训练学生对于案情的归纳整理能力。另外，课堂教学时间有限，学生已经掌握的法律知识也有限，因此，所选用的视频案情必须简单明了，合同法知识点以及所涉及的法律问题必须非常突出。如果案情过于复杂，一方面影响课堂教学，另一方面最为重要的是，复杂的案情直接影响到学生对于案情的理解，不利于对合同法知识的理解和掌握，因此也难以达到课堂视频教学的目的和效果。

（四）案例的选取应具有新颖性

视频案例教学可以有效地激发学生的学习兴趣，只有运用最新的视频案例解决近期发生的法律问题，特别是对于新出现的社会上关注度比较高的热点案例或者同学们有所了解的案例，才可以充分调动学生的积极性和参与性。如果视频案例过于陈旧，一方面，或许该案例涉及的问题已经与现行法律制度不对应，影响

---

① 李巍，席小涛. 视频案例教学及其应用策略分析［J］. 兰州教育学院学报，2013（9）.

学生对于新知识、新理论的学习；另一方面，不利于激发学生的学习兴趣，直接影响到预期的教学效果。因此，教师应当优先选用最新的视频案例，实时更新案例视频。

（五）视频素材的编辑整理

电视台等媒体制作的法制节目并非出于教学目的，而是立足于向观众宣传法治理念，同时为了吸引观众，因此案情比较好看，其中不乏安排一些能够吸引观众的故事情节。另外，电视台制作的案例不是按照合同法的基础知识和基本理论系统地进行制作与播放的。因此，从教学的角度，对于法律视频应当进行必要的剪切、编辑和整理，使视频的内容更加简洁明了，突出教学的知识要点。通过多年的教学实践发现，视频案例剪辑成 10 分钟左右较为适宜，最长不应超过 15 分钟，否则，将直接影响教学进度和教学效果。

六、结语

近年来，以“诊所法律教育”“模拟法庭”等具体实践操作的教学，随着科技、社会的不断发展以及社会对法律人才的新要求，新的教学方法必将不断出现。各学科都在不断地探索新的教学方法，以实现法律人才的培养目标。法律视频案例教学与传统案例教学相比，在课堂教学中具有很大的优势和有利之处，可以提高教学效果和教学质量，使学生更好地掌握课堂上学到的法学理论知识与实践技巧。“法学课程关键在于理论与实践的结合，不仅是法律知识的传播，更重要的是思维能力及法律实务技能的教育与培养，因此，案例视频教学法是实现卓越法律人才培养目标的有效方法。”[①] 但是，视频案例教学并不是万能且唯一的教学方法，它仅仅是课堂教学中所使用的一种教学方法，若能将视频案例教学与其他教学方法同时使用，发挥各自教学手段或方法的优势，将更有助于实现法律人才的培养目标。

① 尚国萍. 案例视频教学在法学教育中的应用［J］. 大学教育，2015（1）.

案例研习方式在法学学术型研究生教育中的应用*

董　彪　秦小寒**

摘　要　案例研习方式经历了德国、日本以及我国台湾地区和其他国家或地区的实践检验，其蕴含的巨大价值是法学教育中不可忽视的。学术型研究生教育以培养教学和科研人才为目的，这一目的的实现需要学生在研究生学习期间主动去探索和获得知识与技能，案例研习方式恰恰为此提供了支持。学术型研究生完备的基本理论知识体系、相对自由的教学模式以及优质的师资力量为开展案例研习教学方式创造了可能性。但是，目前在学术型研究生教育中全面引入案例研习方式仍然面临着许多困难和挑战，需要不断探索与完善。

关键词　案例研习　案例例证　研究生教育　教学法　规范化

法学教育的主要目的是培养法律人才，系统接受法学教育后的法律人才需要具备运用法律知识和法律思维解决法学理论问题与社会现实问题的能力。随着依法治国进程的推进，国家层面对法律人才提出了更高的要求，即“培养一批信念执着、品质优良、知识丰富、本领过硬的高素质法律人才”。[①] 然而，传统的法学教育模式却未能为实现这一目标提供可行的路径，以应试为中心的讲授制教学方式在提高受教育者分析和解决问题能力方面收效甚微。案例研习方式作为我国近年来新引入的教学模式，是对传统法学教育模式的革新，为法学教育注入了新鲜

---

* 本文系北京工商大学学位与研究生教育项目“案例研习方法在学位研究生教育中的应用——以保险法学课程为例”（项目编号：2017XWYJS024）的阶段性成果。

** 董彪，北京工商大学法学院副教授；秦小寒，北京工商大学法学院硕士研究生。

① 中华人民共和国教育部、中央政法委员会《关于实施卓越法律人才教育培养计划的若干意见》（教高〔2011〕10号）。

血液，有助于实现法律人才的培养目标。

案例研习教学方式不同于传统的案例例证教学方式。案例例证以教师讲授为主，在讲解知识点的过程中，辅之以简短的案例，以便于将抽象理论知识形象化、具体化，便于学生对抽象理论知识的理解和把握。而案例研习方式则是指，通过对案例进行分析、提炼、总结、比较抽象出法学理论或司法适用的一般规则。受教育者需要发挥主观能动性，游移于法学理论与案例之间，既参与又互动，进而培养法律思维，提高分析和解决理论和现实问题的能力。这些能力具体包括案例研读能力、总结和抽象概括的能力、解释和运用法律的能力等。

一、案例研习方式的引入及现状

案例研习的教学方式起源于英美法系国家，又被称为“案例教学法”或“判例教学法”。[①] 英美法系的案例研习法主要通过对特定案例进行分析和讨论，进而得出一般性的法律适用规则或法学理论知识。这与英美法系国家的判例法传统密切相关。在英美法系国家，不仅法学学生需要研习判例，律师、法官等从事法律工作的执业人员也需要从判例研习中获得法律知识并加以运用。从判例法传统的视角观察，不难理解案例研习法为什么起源于英美法系国家。

案例研习方式是对传统教学法的革新。虽然它也存在一定的缺陷，被贬抑为无益于初学者、枯燥乏味、片面、不切实际的教学方式，但是其巨大的优势不可否认。案例研习方式以其独有的魅力风靡英美法系国家，也对大陆法系国家和地区的法学教育产生了深远的影响。德国、日本以及我国台湾地区的法学教育中已经普遍应用案例研习方式。以德国为例，培养法官是该国法学教育的主要目的。[②] 在该目标指导下，法律思维被认为是具体案件中适用法律的能力[③]，而这种法律思维的训练主要通过案例研习的方式完成。

随着我国宏观政策的调整以及各法学院校对法学教育认识的加深，案例研习方式在法学教育中的价值越来越多地得到认可。部分法学院校调整课程设置，以不同方式将案例研习纳入教学计划，培养学生运用法律知识解决实际问题的能力。

---

① 陈晓雷.“案例研习法”在民法教学中的应用研究［J］. 黑龙江高教研究，2006（6）.

② 参见：葛云松. 法学教育的理想［J］. 中外法学，2014（2）.

③ 参见：吴香香. 德国法学教育借镜［J］. 中国法学教育研究，2014（2）.

“中国政法大学早在2005年就在法学专业本科人才培养中系统开设了案例研习课程，要求学生至少选修一门2学分的案例研习课程”[①]，“2010年起，案例研习课程的最低学分被增加至4学分”。[②] 西北政法大学也高度重视案例研习课程，倡导理论与实践结合的研习风气。该校设有民事案例研习、商事案例研习、家事案例研习、知识产权法案例研习等课程。“湖南邵阳学院法学专业综合改革项目建设中大胆进行课程建设改革，在保持法学专业16门专业主干课的理论课时不变的前提下，每门课程增加 20%左右的课时用于开设‘实务与案例研习’课程。”[③] 还有部分法学院校虽然没有明确在培养方案中列明案例研习课程，但教师在授课过程中已经开始尝试运用案例研习的方式，即以课后作业或其他形式安排学生研读相关案例，要求学生以研读报告的形式进行归纳、整理，并在课堂上安排时间进行学生之间或师生之间的交流分享。案例研习方式逐渐成为我国法学教育中一道亮丽的风景线。

二、采用案例研习方式的必要性与条件

（一）采用案例研习方式的必要性分析

1. 巩固基本理论知识的需要

案例研习方式能够加深学生对理论知识的理解，巩固并强化所学的基本理论知识。案例研习方式是案例应用于法学教育领域的高级形态，需要综合运用各种相关知识[④]，这也是案例研习方式区别于案例例证方式的关键点之一。在案例例证教学方式中，案例相对简单，大多是针对一个或几个知识点的描述性说明；而案例研习方式中选择的案例通常是未经过度裁剪和过滤的复杂案例，尤其对于研究生教育而言，通常选择裁判文书甚至案卷材料为案例研习的基础性材料。这就需要学生运用法律思维方式，对复杂的案情进行甄别、筛选，从法律关系的视角进行分析和解读。在学术型研究生的教育中引入案例研习方式，学生需要在案例

---

① 田士永．“民法学案例研习”的教学目的［J］．中国法学教育研究，2014（4）；同时参见中国政法大学教务处编印《中国政法大学本科教学计划（2005）》，第10页。

② 田士永．“民法学案例研习”的教学目的［J］．中国法学教育研究，2014（4）；同时参见中国政法大学教务处编印《中国政法大学本科培养方案（2010）》，第13页。

③ 张先友．基于应用型法律人才培养的校本课程建设探索——以邵阳学院法学专业“×实务与案例研习”课为例［J］．职业教育，2016（6）．

④ 参见：田士永．“民法学案例研习”的教学目的［J］．中国法学教育研究，2014（4）．

研习的过程中综合运用已有的法律知识、法学研究方法在法学理论与案例之间循环往复地探索。无论是从整体性的角度还是知识理解和记忆的角度看，案例研习方式所能汲取的知识量和实际效果都优于案例例证的方式。对于法学学术型研究生教育而言，扎实的法学基础是进一步探索和研究的基石，没有扎实的基础，一切所谓的想法和创新都是海市蜃楼。案例研习方式在巩固基本理论知识方面有着潜移默化且影响深远的作用，故此方式十分必要。

2. 理论探索和升华的需要

培养学术型研究生主要是为推动法学储备人才，因而，法学学术型研究生在学习期间不仅需要汲取法学知识，而且需要锻炼理论研究和将理论应用于实践的能力。单纯通过教师讲授的方式固然能够传递部分法学知识，但是对培养研究生总结和抽象概括的能力以及解决现实问题的能力并不足够。教师权威的学术观点、教材、讲义在一定程度上限制了学生自主探索和发现知识的动力，不利于多元化、创新性的观念形成，也不利于学生独立、自主性格的养成。引入案例研习方式，学生在案例研习过程中充分发挥自主性，综合运用所学知识对案例进行分析与探索，是一种高强度的思维训练，有利于增强学生理解和分析问题的能力。不仅如此，在案例研习的过程中，师生之间、学生之间有效的交流、互动能够起到相互促进的作用，在不同观点的碰撞与融合中产生新的想法和观点。案例研习方式为法学学术型研究生深入学习、进行理论探讨和升华提供了必要的工具。

3. 培养法律思维的需要

培养法律思维是法学教育的重要目的之一。[①] 本科阶段，法律思维的培养主要是通过潜移默化的方式，在课堂上教师传授知识的过程中完成的，学生通过模仿或顿悟培养初步的法律思维方式。在研究生阶段，潜移默化的法律思维方式仍然非常重要，但是并不足够。学术型研究生教育中，需要重视更高层次的法律思维的培养。案例研习的方式需要学生将现实生活的语言转化成法律的语言，对社会生活进行剪裁和重构，归纳法律要点，提炼法学理论或司法适用的一般规则。通过这些高强度的思维训练，有助于学生形成严谨缜密的逻辑思维，有助于提升学生抽象思维和将理论运用于实践的能力。

① 参见：徐凤珍．论法律思维能力的培养［J］．山东社会科学，2012（12）．

4. 培养解决问题能力的需要

法学教育的最终目的是为了让受教育者能够解决理论和现实问题。案例研习的方式能够在学生尚未真正接触法律实务时提供一种近似现实的模拟状态，使学生在案例分析的过程中对实践中可能出现的情形有相对准确的把握，而非主观臆断。“在德国，大量案例研习的训练将解决现实生活中的法律问题变得像解数学题一样步骤明确，将案件事实置入法律条文形成的公式中就可以得出一个可检验的正确的答案。更令人惊讶的是，所有学生在解决同一案例时，思考的步骤也是相同的。”① 我们期待在学术型研究生教育中，通过一定量的案例研习训练可以使学生掌握解决相同或相类似问题的规范性做法，从而更准确地处理理论和现实问题。

（二）采用案例研习方式需要具备的条件

1. 完备的基本理论知识体系

具备相对完备的知识体系是学术型研究生进行案例研习的前提。案例研习需要学生首先对实体法和程序法规范有所了解，具备初步的法学分析能力，这样才能对复杂的案情进行分解和重构，并在此基础上进行深度剖析，解决现实生活中或理论上的困惑，达到案例研习训练的理想效果。倘若学生所掌握的基本理论知识体系支离破碎，则往往会出现读不懂案例、把握不住案例重点、无法将案情与法律条文相结合的现象，不仅浪费时间，而且会影响学生的积极性和自信心，使得学生产生排斥甚至抵触的心理。学术型研究生已经在本科阶段相对全面系统地学习了法学理论知识，加之经过研究生考试以及司法考试等，形成了相对完备的法学理论知识体系，具备了采用案例研习方式教学的条件。

2. 教学模式相对自由

法学本科教育阶段教学时间的有限性与法学知识体系的庞杂性之间构成了一组突出的矛盾。短短四年时间，学生不仅需要掌握法学基本理论知识，还需要完成英语、政治等必修课程以及院系确定的选修课程、毕业实习等，在严格的学制和学时的限定下，以教师讲授为主的教学模式反而优势明显。因而，法学本科阶段通常对教学模式限定得较为严格，不利于开展案例研习教学。这是目前很多

---

① 卜元石. 德国法学教育中的案例研习课：值得借鉴？如何借鉴？［C］//中德法学论坛：第 13 辑. 北京：法律出版社，2016：45-57.

法学院校虽已认识到案例研习的重要价值，但仍未采纳案例研习教学方式或仅设置少量选修课的原因。学术型研究生不再需要在基础性法学理论知识学习方面花费过多时间和精力，所要做的是通过教师的启发和指引发现和探索新知识。教师对教学模式的选择相对自由，这就为案例研习方式的应用提供了可能性。

3. 教师素质相对较高

案例研习方式在充分发挥学生主体性的同时对教师提出了新的更高要求。对案例的选择、案例研习基本模式的设计、可能出现的学术观点的预测、对学生讨论的总结、案例研习进程的把控和调整等都需要教师对案例和教学有更加充分的准备。案例研习方式是法学教育中的创新性实践，这就需要教师付出更多的时间和精力去改变传统的教学风格，调整教学方式和态度；需要教师具有相对较高的职业伦理素养，愿意为改进教学方式、提高教学效果额外付出劳动。此外，案例研习式教学不是从书本到书本的照本宣科，而是从实践中来的理论研讨。教师单纯掌握理论知识已经不足以担当主持案例研习式教学。总而言之，开展案例研习方式需要教师具备理论精湛、业务精通、灵活应变、乐于奉献等方面的素质。

三、案例研习方式引入课堂面临的挑战

（一）传统教学方式的惯性形成阻力

案例研习方式对传统法学教学模式构成挑战。学术型研究生教育作为法学教育中的中流砥柱，在长期积淀中形成了相对固定的教学模式，各法学院校在学术型研究生的教育中基本上都采用以教师讲授为主的教学方式。即便研究生教育在课时和教学内容上没有类似本科教育的严格限制，但不论是教师还是学生都不敢贸然以案例研习方式替代传统教学模式。对于已经适应并习惯了传统教学模式的教师和学生而言，采用案例研习方式都并不轻松。传统教学方式的惯性使得案例研习的效果大打折扣，部分所谓的案例研习不过是选取案例作为点缀而已。如何排除传统教学方式惯性作用的阻碍，使得教师和学生发自内心地接受案例研习这一新型教学方式，这是学术型研究生教育中面临的挑战。

（二）调动学生积极性困难

长期以来由教师主导课堂，通过讲授的方式单向度传递知识的方式使得学生

形成了被动接受知识的习惯，学习能力更多地体现在教师讲授过程中汲取有价值的信息并进行理解和记忆，学生习惯于被动接受知识而不是主动探求知识。部分学生由于性格等方面的原因，对于在公共场合发言、交流以及与任课教师之间互动等方式有着天然的排斥情绪；还有部分学生在学习中存在“混日子”的心理。传统教学方式下，课堂对于学生的参与性和主体性要求较低，上述类型的学生被淹没在课堂中，但是，案例研习方式使得这部分学生无法回避。学生长期以来形成的被动接受的学习习惯、内向的性格、担心出错的心理以及逃避学习的动机在案例研习方式中会暴露无遗，也使得这部分学生成为阻挠案例研习式教学的主要群体。如何激发学生学习的自主性和积极性，提高学生的课堂参与度，这是案例研习方式运用过程中面临的难题。

（三）时间安排易发生冲突

案例研习需要大量的准备时间，易与师生其他安排发生冲突。案例研习方式若要取得良好的效果则需要充分的前期准备和课后总结。如前期未对案情有充分的了解，对相关法学理论知识和法律规范掌握不充分，则案例研习课程的讨论就会流于形式；而课后对研习内容不进行总结、升华，案例研习课程的讨论结果就会流于表面。教师和学生能否预留充分的时间保障前期准备和课后凝练总结实际上并非没有问题。学术型研究生除了专业课学习外，还有许多课外的社会活动以及科研工作，案例研习方式无疑增加了学生的学习负担和压力。对于任课教师而言，案例研习方式所需要的前期案例选取以及后期总结凝练也增加了其工作量，尤其是对于那些担任一定行政职务、学术职务或其他社会职务的教师而言，案例研习方式会使其本已忙碌不堪的状况更甚。这就使得教师和学生对于案例研习方式失去兴趣，产生疲倦甚至厌倦的心理。

四、案例研习方式标准模式建议

（一）选择具有典型性、复杂性、争议性和准确性的案例

案例的选择应当具有典型性、复杂性、争议性和准确性。[①] 首先，应当选择具有典型性并相对复杂的案例。这样才能保证实现案例研习方式所要达到的巩固

① 参见：陈晓雷.“案例研习法”在民法教学中的应用研究［J］. 黑龙江高教研究，2006（6）.

和掌握系统理论知识的目标。其次，选取的案例应当是在相应的法律部门或相关领域有争议的案例。这样的案例才能充分激发学生思考，同时争议双方的观点也会为学生的思考提供基本的指引和思路。最后，选择案例应当具有准确性。案例必须是真实发生的、经过法院审判的案例，而不是任课教师编撰或拼凑的案例。[①]真实的案例能够使学生真正感受到贴近于现实生活的情境。当然，对于所选案例的判决书中的内容需要进行一定的选择和删减。例如，实体法案例研习中，应当对事实部分的内容尽量保留，而对于举证质证等程序上的内容适度删节；程序法案例研习中，则应尽量保留程序上的内容。这样区分不仅能够实现不同学科之间案例研习的不同目的，而且能够在保证案例研习实效的基础上节省时间。

（二）将请求权的分析方法作为案例研习的基本方法

请求权的分析方法是指以请求权基础为出发点分析案例的方法。[②]"请求权的分析方法的基本范式是：谁可以向谁，根据何种法律理由，提出何种主张？"[③]该方法基本上是从"诉"的角度进行案例分析，通过对案件进行诉的要素分解，明晰案件事实及法律适用。学术型研究生案例研习过程中采用请求权的分析方法的主要原因包括：首先，请求权的分析方法与案例研习方式具有内在一致性。它们都以现实生活中的"诉"为主要指向对象。案例研习中采用请求权的分析方法能够明晰案例中诉的因素，进而解决理论和现实问题。其次，请求权的分析方法为案例研习提供了明确的学术研究路径，有利于把握问题的核心和本质，避免无关因素在案例研习过程中造成不当干扰。最后，请求权的分析方法作为民法学研究的基础性工具已经得到广泛认同和实践，将其作为案例研习的基本方法具有可行性。

（三）案例研习方式规范化

案例研习方式应当形成"课下研读—撰写研习报告提纲—课上交流互动—教师总结论述"的基本模式。采用案例研习方式合理安排研习时间，保障每个案例都

① 参见：刘铁光．法律硕士（非法学）法律人的能力培养——基于案例研习模式的分析［J］．当代教育理论与实践，2016（5）．

② 参见：王泽鉴．法律思维与民法实例［M］．北京：中国政法大学出版社，2001：42．

③ 郑永流．法律方法阶梯［M］．北京：北京大学出版社，2008：4．

得到充分和有效的研习。案例研习课程开始之前，应当至少为学生预留一周的时间用于阅读案例、发现问题、查找资料、撰写研习报告提纲。案例研习课以 4 课时为宜，以保证师生之间、学生之间能够对案例进行充分的讨论、质疑和回应。其中，1.5 课时用于学生分享阅读案例的感受、表达主要观点并提出问题；在接下来的 1.5 课时内，在教师的引导下由学生进行自由讨论；最后 1 课时由教师进行总结和评价。案例研习课程结束之后，由学生撰写案例研习报告或心得体会。案例研习方式宜采用 15—20 人的小班教学模式。人数太少不利于形成观点和思想的碰撞，而人数过多则无法保证每个人充分表达自己的意见。

五、结语

案例研习方式被引入我国法学教育尽管毁誉参半，却势不可挡。与其对其排斥、抵触、抗拒，不如总结已有经验教训，深入研究案例研习方式在法学人才培养中的作用及实效机制。引入规范化的案例研习方式必将让我国的法学教育事业走向新的辉煌。

法律职业教育探讨

国家统一法律职业资格制度下法学教育的实践转向*

陈寒非**

摘 要 国家统一法律职业资格制度改革使法学教育面临着机遇和挑战。当前改革主要集中在扩展法律职业人员范围、提高法律职业考试的准入门槛以及增加考查内容的三个方面，相应的挑战主要集中在法学专业就业竞争压力将进一步加大、法学教育在法治人才培养中的核心地位将进一步突出、法学教育中的实践能力培养将进一步加强这三个方面。面对挑战，法学教育把握机遇须从四个方面进行调适，即适度注意国家统一法律职业资格考试的引导作用、进一步明确法学教育在法律职业共同体建设中的核心地位、进一步突出法科学生的专业实践能力训练以及进一步增强法律职业伦理教育等。

关键词 国家统一法律职业资格制度　司法考试　法学教育　法律实践

一、问题及进路

2015年6月5日，中共中央全面深化改革领导小组第十三次会议审议通过了《关于完善国家统一法律职业资格制度的意见》（以下简称《意见》）。2015年12月20日，中共中央办公厅、国务院办公厅印发该《意见》，正式确立完善国家统一法律职业资格制度（以下简称“新制度”）的改革目标及基本任务，明确规定了新制度推进实施的基本原则，设定了法律职业资格取得的条件和申请执业人员范

---

* 本文系作者主持的2017年首都经济贸易大学教育教学改革立项项目“国家统一法律职业资格制度下法学教育培养模式的改革创新”的阶段性成果。

** 陈寒非，法学博士，首都经济贸易大学法学院讲师。

国，明确要求建立国家统一法律职业资格考试制度和改革法律职业资格考试内容，提出建立职前培训制度，完善统一法律职业资格管理制度。《意见》提高了法律职业准入门槛，法律职业人才将主要来源于普通高校法学院系，这无疑为法学教育提供了发展机遇。与此同时，新制度也对法学教育提出了更高的要求。《意见》第6条明确提出要“改革法律职业资格考试内容”，即“考试内容增加中国特色社会主义法治理论。着重考查宪法法律知识、法治思维和法治能力，以案例分析、法律方法检验考生在法律适用和事实认定等方面的法治实践水平。加大法律职业伦理的考查力度，使法律职业道德成为法律职业人员入职的重要条件。考试以案例为主，每年更新相当比例的案例。大幅度提高案例题的分值比重”。从《意见》内容可以看出，法律职业资格将以案例考查为主，重点考查学生的法治实践能力，这为今后法学教育发展指明了方向。国家统一法律职业资格考试通过率是衡量学校法学人才培养质量的重要指标之一，法学教育改革应该以此为契机，改革创新法学教育培养人才机制，培养出理论功底扎实、实践能力强的法学人才。鉴于此，本文以国家统一法律职业资格制度为背景系统探讨我校法学教育培养模式的改革创新问题，具有较强的理论与实践价值。

学术界已有一些研究成果探讨高等院校法学教育体系改革问题。王晨光比较了日本、韩国近年来所进行的法学教育改革路径，认为应该在参考日韩法学教育改革成功与失败的经验之上，结合中国现实情况作出法学教育的顶层设计。① 黄进从法学教育的人本化、现代化、国际化、信息化以及法治化五个方面探讨法学教育的理想模式。② 谭世贵等认为，当前法学教育无限扩展，使得学生的质量并没有与学生的数量取得相对应的同步提升，当前法学教育面临学生理论与实践脱节、创新意识不强、实践能力不高等问题，应该开展以法律职业能力培养为目标的法学教育改革。③ 还有一些论者讨论司法考试与法学教育之间的关系，共有两类观点。第一，功能区分论。在2002年国家司法考试改革伊始，曾令良教授就讨

---

① 王晨光. 法学教育改革现状与宏观制度设计——日韩经验教训反思与中国改革刍议［J］. 法学，2016（8）.

② 黄进. 如何办好中国特色社会主义法学教育［J］. 中国高等教育研究，2016（7）.

③ 谭世贵，苏新建，董文辉. 以法律职业能力培养为目标的法学教育改革——以浙江省大学生法律职业能力竞赛为实例［J］. 中国大学教学，2014（11）.

论了统一司法考试与我国法学教育发展的定位问题，在此基础上建议我国法学教育的布局应作适当调整，各层次的法学教育应有明确定位。[①] 潘剑锋认为，大学本科法学教育与司法考试之间既有区别，也有联系，两者都能促进法律职业的专业化和精英化，但司法考试不应当成为大学本科法学教育的指挥棒，对司法考试知识的掌握应当通过专门的学校（或学院）的训练来完成。[②] 何勤华等认为，法学教育应当从兼求“通才”教育和“专才”教育，向以“专才”教育为基点、以“完人”教育为理想的新模式转变，并在专业设置、课程安排、实践研修等方面作出及时的、相应的调整。[③] 持有类似观点的学者还有郭翔、朱立恒等。[④] 第二，导向衔接论。孙笑侠认为，法学教育的人才培养模式、教学内容、教学方式与司法考试等法律职业制度的诸多环节需要进一步改进、协调和完善，应通过法学教育改革与法律职业制度保持衔接。郑成良、李学尧认为，司法考试不能对法律从业者的法律素养作有效的考查和衡量，法学教育可以替代并弥补这一方面，两者衔接互动关系是法学教育发展的基本趋势。[⑤] 持有类似观点的学者还有周详、齐文远、张利民、李建伟、刘田玉等。[⑥]

已有研究着眼于法学教育与旧司法考试之间的关系，由于统一法律职业资格制度刚刚施行，因而还没有展开充分的讨论，尤其是未结合此次国家统一法律职业资格制度改革对法学人才培养提出的新要求展开讨论，而且大多数研究停留于理论层面，没有从实证层面进行深入考察，以提出有针对性的改革方案。本文将系统讨论国家统一法律职业资格制度下新一轮法学教育改革问题，为本校法学人才培养提出有针对性的方案。

---

① 曾令良. 统一司法考试与我国法学教育发展的定位——我国多层次兴办法学教育的反思[J]. 法学评论，2002（1）.

② 潘剑锋. 论司法考试与大学本科法学教育的关系 [J]. 法学评论，2003（2）.

③ 何勤华，陈灵海. 统一司法考试后的法学教育 [J]. 华东政法学院学报，2003（1）.

④ 郭翔. 论司法考试与法学教育的关系——兼与周详、齐文远两位先生商榷 [J]. 法学，2010（2）.

⑤ 郑成良，李学尧. 论法学教育与司法考试的衔接——法律职业准入控制的一种视角[J]. 法制与社会发展，2010（1）.

⑥ 张利民. 评司法考试导向性法学教育——对中国法学教育可持续发展的关注和思考[J]. 法制与社会发展，2002（6）；周详，齐文远. 法学教育以司法考试为导向的合理性——以司法考试刑法卷为例 [J]. 法学，2009（4）；等等。

二、制度改革后法学教育面临的新挑战

改革开放以来，我国民主与法治建设取得了很大的进展，法学如同经济学以及其他社会科学一样，不再是单纯的意识形态工具，而是融合了历史文化价值和具有前瞻性的国家建设机制以及包含技术要素的专门化工作。法律成为国家治理和推进社会有序发展的不可忽视且不可替代的力量，它在整个国民教育体系中所占地位越来越重要，其“显学”的成分日渐浓厚，高等院校法学本、专科招生规模日趋增多。与此同时，随着我国的社会主义法制建设进程的不断加快，社会对法学方面人才的需求量也越来越大，法学专业的学生相比于其他很多专业理应更好就业。然而，就现状来说，高校法学专业的毕业生反而面临就业率低、失业率高的这一严酷现实。导致这一状况出现的原因多种多样，其中一个根本性的原因就在于法学教学存在理论与实践脱节的现象，而要想从根本上改变这一现象，势必要结合国家统一法律职业资格考试制度对高等院校法学教育体系进行改革，培养学生具备良好的法律实践技能，让其真正服务于社会。相比于旧的司法考试制度，新制度改革方案对法律人才培养及法律职业化提出了新的要求。

概而言之，新制度对法律职业的改革主要表现在三个方面。

第一，扩展法律职业人员范围。原有的司法考试制度针对的范围包括法官、检察官、律师及公证员四类法律职业群体，新制度关于法律职业人员范围则不仅包括原司法考试制度下的法官、检察官、律师、公证员，而且还包括部分涉及公民、法人权利义务的保护和克减而具有准司法性质的法律从业人员。改革之后，不仅担任法官、检察官、律师、公证员、法律顾问、仲裁员（法律类）及政府部门中从事行政处罚决定审核、行政复议、行政裁决的人员，应当取得国家统一法律职业资格，而且从事法律法规起草的立法工作者、其他行政执法人员、法学教育研究工作者也包括在内。明确规定参加法律职业资格考试的人员范围，在一定程度上扩大法律职业人员范围，不仅有利于法律职业共同体建设，而且有利于提高从事法律工作人员的整体素质，人员素养的提高将在很大程度上促使各类法律职业人员之间交流机制的形成。

第二，提高法律职业考试的准入门槛。旧司法考试制度下考试报名一般性条件规定为：（1）具有中华人民共和国国籍；（2）拥护《中华人民共和国宪法》，享

有选举权和被选举权；（3）具有完全民事行为能力；（4）高等学校法律专业本科毕业或者高等学校非法律专业本科毕业并具有法律专业知识；（5）品行良好。从旧有标准可以看出，主要强调政治素质、品行素养和学历条件。新制度规定取得国家统一的法律职业资格必须同时具备下列条件：（1）拥护《中华人民共和国宪法》，具有良好的政治、业务素质和道德品行；（2）具备全日制普通高等学校法学类本科学历并获得学士及以上学位，或者全日制普通高等学校非法学类本科及以上学历并获得法律硕士、法学硕士及以上学位或获得其他相应学位从事法律工作三年以上；（3）参加国家统一法律职业资格考试并获得通过，法律法规另有规定的除外。从新制度标准可以看出，法律职业资格的准入门槛包括了思想政治素质、品行素养、专业条件及学历条件等方面。新旧对比之下，变化最大的当属学历和专业条件的调整，新制度强调法学专业教育背景或法律实践工作经验，报考条件（2）主要分为三类情形：① 全日制法本学历+法学学士及以上学位；② 全日制非法学类本科及以上学历+法律硕士、法学硕士或法学博士学位；③ 全日制非法本有学士学位（全日制非法学类研究生有硕士学位）+从事法律工作三年以上。显然，新条件强调法学教育背景和法律实践能力，以此作为报考国家统一法律职业资格考试的学历和专业标准，这对于法治工作队伍的正规化、专业化及职业化有着极大的推进作用，更有利于法律职业共同体的形成。但是，由于报考条件对专业及学历要求的提升，国家统一法律职业资格考试更强调法学专业科班出身（对法学科班之外的人员报考门槛提高），法学院校将是未来法律职业人员培养的重要阵地，法学教育将处于法治人才培养的核心地位。

第三，增加考查的内容。国家司法考试主要测试应试人员所应具备的法律专业知识和从事法律职业的能力，考试内容包括理论法学、应用法学、现行法律规定、法律实务和法律职业道德。由此可见，司法考试制度显然比较注重考查考生的法律理论知识及理解运用能力，尤其是法律专业知识的识记理解，侧重书本知识考察。新制度改革法律职业资格考试内容，明确表示要“增加中国特色社会主义法治理论。着重考查宪法法律知识、法治思维和法治能力，以案例分析、法律方法检验考生在法律适用和事实认定等方面的法治实践水平。加大法律职业伦理的考察力度，使法律职业道德成为法律职业人员入职的重要条件。考试以案例为主，每年更新相当比例的案例。大幅度提高案例题的分值比重”。从改革内容及趋势来看，新制度不仅考查书本上的法律专业知识，同时也注意考查行动上的法律实践能力，将以案例分析考查为主。这种改革趋势更符合法律职业发展的规律，因为法律本身就是一门实践性很强的学科，因此必须要加强实践能力考查，强调法学教育与法律职业能力培养之间的紧密关联。

除此之外，新制度还将赋予法律职业资格管理的新的职责。《意见》明确规定，将司法考试制度调整为法律职业资格考试制度，建立法律职业人员统一职前培训制度，完善统一法律职业资格的管理制度，进一步完善法律职业资格管理工作的职能，加强对法律职业人员的管理，把好法律职业的入口关、考试关和培训关。

面对以上改革举措，当前法学教育至少面临三个方面的挑战。第一，法学专业就业竞争压力将进一步加大。新制度将许多与法律工作沾边的职业纳入其中，要求通过国家统一法律职业资格考试才能从事相应职业。虽然此举有利于法律职业共同体建设，促进法律工作职业化和专业化，但这实际上进一步压缩了法学专业毕业生的就业空间，许多原来不需要法律职业资格证书的就业岗位（如法律顾问）现在也开始将法律职业资格证书作为必备条件。第二，进一步突出法学教育在法治人才培养中的核心地位。新制度提高了法律职业考试的准入门槛，更加注重科班出身的应试考生，这些考生将主要来自全日制法学本科教育和研究生教育，法学教育将是法学人才培养的阵地，法律资格考试通过率的高低会对法学院校教育水平的高低产生更为直接的影响。第三，法学教育中的实践能力培养将进一步加强。由于新制度增加了考查的内容，这些内容不仅包括书面知识，同时也包括实践能力考查，还有职业伦理考查，这些改革内容对法学教育中的实践能力培养提出了更高的要求。

三、法学教育培养模式的改革调适

面对新制度提出的改革内容，法学教育培养模式面临着极大的挑战，未来法律人才培养也要契合全面推进依法治国的历史性战略，法学教育培养模式面对双重挑战理应作出相应的调适，才能更好地适应于时代的发展，才能真正培养出符合新时代中国特色社会主义法治建设需要的法治人才。

结合本文第二部分的讨论和当前法学教育的现状特点，笔者认为当前法学教育培养模式应该从四个方面作出改革调适。

第一，法学教育应该适度注意国家统一法律职业资格考试的引导作用。由于法律职业资格在法学就业中的适用范围扩大，因此法学教育不能完全脱离国家统一法律职业资格考试，应该在注重理论教育和经典教育的同时，适当注意法律职业资格考试的引导作用。例如，在法学主干课程的教学中，在讲解完知识点的理论背景之后，可以适当讲解国家统一法律职业资格考试所考查的知识点和考查方式，让学生早日适应此项考试及相应的要求。教务部门也对法学专业教师的教学计划和教学大纲提出要求，要求适当增加国家统一法律职业资格考试的知识点讲解及考查内容。只有这样才能使学生不脱离实际，也能更好地缓解就业竞争压力，在竞争中取得优势。

第二，进一步明确法学教育在法律职业共同体建设中的核心地位。由于法律职业资格考试的报考人员主要是科班出身，那么法学教育也就成为法律职业资格考试人员能力培养的重要阵地，法学教育对于法律职业共同体建设也处于核心地位。从这个意义上来说，法学教育不仅要培养学生的专业能力，更应该加强法律职业共同体意识的培育，通过职业共同体建设促进法治人才队伍的发展成熟壮大，更好地推进法治建设。

第三，进一步突出法科学生的专业实践能力训练。从上文讨论可知，新制度增加了考查的内容，不仅包括传统的法律理论及法律条文的考查，更重要的是增加了法律实践操作能力的考查，尤其是学生的法律适用与事实认定方面的法治实践水平。如何加强实务操作方面的训练，新制度实际上指明了方向，即加强案例分析能力的培养。这项工作可以从三个方面展开：其一，在培养方案上突出实践课程的比重，在教学方法上突出实践教学方法的运用，在教学考评上突出实践教学水平方面的考评，从而引导法学教师在教学过程中对法学实践教学方面的实质性投入。其二，加强和深化法学院校与法律实务部门之间的合作，设置校外导师，将法学教学课堂搬到法院、检察院、律师事务所及公证处等其他法律实务机构，适当引入实务部门专家到法学院校授课，调整并增加实务人员授课的课时比例，探索与实务部门合作编写开发实践教材。其三，依托北大法宝、中国裁判文书网等案例数据库，联合实务部门专家，共同组织学生进行案例研讨，增加案例教学内容；加强模拟法庭等学科竞赛，通过案例模拟演练增强学生的案例分析能力。

第四，进一步增强法律职业伦理教育。根据《意见》和新制度的改革内容，将进一步加大法律职业伦理方面的考查力度，而这方面的教育在以往的法学教育中往往是缺失的。以往法学教育中法律职业伦理教育要么流于形式（选修课性质），要么根本不开设（培养方案中不设置），法律职业伦理教育并没有真正落实。“加强法律职业人的职业伦理教育具有从源头上杜绝权力腐败的重要作用”①，新制度明确提出这方面的改革内容，将法律职业伦理教育作为法律职业的准入重要条件之一。在此背景下，法学教育培养模式应加强法律职业伦理教育，增加法律职业伦理课程，并将其提升至必修课的性质和主干课程地位，同时通过现实案例教学方式说明法律职业伦理教育的重要性，使其真正落到实处。

四、结论

国家统一法律职业资格制度的改革对法学教育的冲击是明显的，机遇和挑战并存，对法学教育提出了更高的要求，法学教育应该以此为引导进行适度的调适，只有这样才能培养出符合新时代的中国特色社会主义法治建设的法学人才。

概而言之，《意见》与新制度的改革主要集中在三个方面：扩展法律职业人员范围、提高法律职业资格考试的准入门槛以及增加考查的内容。这些改革举措对法学教育的挑战主要表现在三个方面，即法学专业就业竞争压力将进一步加大、法学教育在法治人才培养中的核心地位将进一步突出以及法学教育中的实践能力培养将进一步加强等。面对这些改革和挑战，结合当前法学教育的实际状况，笔者认为当前法学教育应该进行适度的调适。调适方案要注重实践能力的培养，以法律实践为中心，集中体现在四个方面：第一，法学教育应该适度注意国家统一法律职业资格考试的引导作用；第二，进一步明确法学教育在法律职业共同体建设中的核心地位；第三，培养方案中进一步突出法科学生的专业实践能力训练；第四，法学教育进一步增强法律职业伦理教育。

毋庸置疑，国家统一法律职业资格制度改革将极大地推进法律职业化和专业化，进而促进法律职业共同体的形成，对于中国特色社会主义法治人才的培养体系的完善也有着关键性的引导作用。法学教育应该以此为导向，进行适当的调整和改革，只有如此才能真正培养出符合新时代法治建设需要的法治人才。

---

① 张峰振，毛宁仙．统一法律职业资格制度下法学教育的机遇、挑战与对策［J］．国家教育行政学院学报，2016（9）．

法国国家司法官学院培训制度初探*

种　林**

摘　要　国家司法官学院是法官培训最重要的机构，法国职业法官的招录、培养工作主要由法国国家司法官学院承担。本文研究了法国国家司法官学院的机构设置、司法官选拔考试及培训的目标、种类、形式和内容，并结合我国司法官培训的现实情况，提出应加强司法官任前培训和完善在职培训的观点和几点具体的建议。

关键词　司法官　职业培训　选拔考试

法国司法制度中法官（Juge）与检察官（Procureur）被统称为司法官（Magistrat），人们将法官形象地比喻为“坐着的司法官”（Magistrat assis），检察官则被称为“站着的司法官”（Magistrat debout）。按照司法法院体系和行政法院体系划分，司法官可分为司法法院体系司法官和行政法院体系司法官。在司法法院体系中，按照司法官任职条件和任职期限的不同，司法官可以分为职业司法官和非职业司法官。非职业司法官包括负责商事审判的商事法官①、负责劳资争议的劳动纠纷法官（类似于中国的劳动仲裁委员会仲裁员）以及负责争议标的小、案情简单的民事诉讼和极轻微刑事案件审理的近民法官。② 职业法官的招录、培

---

*　本文系 2015 年山东省本科高校教学改革研究面上项目“山东省国际化法律人才培养研究”（编号：159）和 2016 年山东政法学院教学研究与改革项目“应用型本科院校教学质量管理流程创新及其保障机制研究”（项目编号：2016JYB003）的阶段性成果。

**　种林，法学博士，山东政法学院副教授。

①　商事法官由商事法院管辖区域的商人选举产生，成为商事法官须满足以下条件：（1）年龄 30 岁以上；（2）从事商业活动至少 5 年以上；（3）具有法国国籍。实践中，候选人应当具备相当的商事经验，但有破产经历的商人不具有被选举人的资格，不能被选举为商事法官。初次被推选的商事法官任期为 2 年，再次当选任期为 4 年。

②　近民法官不是从职业司法官队伍中遴选，而是从以下公民中选任：（1）司法法院体系和（转下页）

养工作主要由法国国家司法官学院承担，该学院根据 1958 年第 58–1270 号法令设立，学院是直属司法部的公共事业法人单位，总部设在波尔多，巴黎设有分部。[①] 下文从国家司法官学院的培训机构和培训内容两个方面展开。

一、法国国家司法官学院的培训机构

法国司法官学院下属的司法人文培训中心、民事裁判思维和形成培训中心、刑事裁判思维和形成培训中心、司法交流培训中心、司法管理培训中心、司法国际化培训中心、司法环境培训中心、法与经济培训中心 8 个中心具体承担培训任务，培训的目标包括通过培训让学员认同职业伦理价值和职业道德规范并内化为自己坚定的信念，让学员掌握刑事裁判的方法并熟悉一审刑事审判的流程，让学员掌握交谈技巧、司法对话技巧以及庭审技巧，通过培训掌握民事裁判的方法并熟悉一审民事审判的流程，特别是程序启动、案情分析、作出裁判、裁判执行环节等。

司法人文培训中心的主要课程包括：（1）司法文化：司法历史、司法官历史、礼仪、习惯、司法经典著作、司法结构、律师职业的组织。（2）司法当事人的期望、司法要求。（3）司法官职业道德：誓言、责任、职业道德规范和习惯、纪律处分程序。（4）伦理、独立、公正。（5）律师职业道德和职业规范。（6）司法官职业、身份。民事裁判思维和形成培训中心的主要课程包括：（1）分析卷宗并确定相关的诉讼程序。（2）诉讼指导性原则和程序公正。（3）辩护权利。（4）证据制度。（5）合议制度。（6）判决书撰写原则。刑事裁判思维和形成培训中心的主要课程包括：（1）分析卷宗并确定相关的诉讼程序。（2）诉讼指导性原则和程序公正。（3）辩护权利。（4）证据制度。（5）合议制度。（6）判决书撰写原则。司

（接上页）行政法院体系退休司法官；（2）年龄至少 35 岁以上，具有相应学历要求且至少 4 年以上工作经验的专业人员；（3）在司法领域至少具有 25 年工作经验的人员；（4）在司法领域 A 级或 B 级公务员；（5）具有 5 年工作经验的司法调解员。近民法官由共和国总统直接任命，任前需要在国家司法官学院进行培训。近民法官在审判活动中与职业法官具有同样的法律地位，任期为 7 年且不得连任。近民法官负责审理一些简单的民事或刑事案件，有效减轻了职业法官的审判压力。

① 法国国家司法官学院不负责审计法院法官培养，法国审计法院初级法官由法国行政学院负责培养，中级审计法官大部分从初级法官中选拔，少数从年龄在 30 岁以上、有 10 年在其他行政机构或企业工作经验、具有一定级别的人员中选拔；高级审计法官 2/3 从中级法官中晋升，少数从中央各部门的局长、财政部的检察官或省长中选拔。

法交流培训中心的主要课程包括：（1）发言、聆听、管理压力和冲突。（2）司法官定位。（3）和脆弱的人交流。（4）宣布和解释司法裁决。（5）合议制管理。司法管理培训中心的主要课程包括：（1）能够明确自己在法院的角色，成为法院管理积极参与者和本职工作管理者。（2）和辖区有关合作方（如警察）建立联系，并建立合作关系。（3）学习新技术和新方法。为了让学员深入掌握司法官工作所使用的技术和信息新工具，中心组织关于刑事审判信息化、无纸化培训、刑事审判流程管理软件 CASSIOPEE 培训等主题培训。司法国际化培训中心的主要课程包括：（1）国际司法合作的技术与实践。（2）欧盟统一司法。（3）比较司法的理论和实践。2014 年 11 月，2014 级 100 名学员到欧盟其他国家访学，另外 100 名学员在国家司法官学院和来自国外的 50 名司法官进行了为期一周的关于打击贩卖人口的讨论。司法环境培训中心的主要课程包括：（1）精神病学和心理学。（2）法医学。（3）社会学。（4）犯罪学。（5）外国文化。通过培训使学员在作出司法决定时能够充分考虑以上因素。法与经济培训中心的主要课程包括：（1）经济文化的构成要素、企业、社会对话。（2）税收制度和各种所得。中心培训的目的是让学员掌握经济和社会条件。

二、法国国家司法官学院组织的选拔考试及培训内容

法国国家司法官学院培养司法官的考试主要分为入院考试、毕业考试和等级测定考试。除了年龄、知识、身体健康情况等条件外，法国司法官选拔的重点是考查选拔对象的以下 13 种能力：掌握职业道德规则并适用的能力；分析、归纳案情或卷宗的能力；掌握、运用程序规则并尊重程序规则的能力；适应能力；根据环境变化适应领导位置或者下级位置的能力；考虑国内和国际制度环境的能力；联系、倾听和交流的能力；准备、驾驭庭审和司法调查的能力；调解和促成当事人达成一致的能力；基于法律和事实作出正确、可执行的决定的能力；论证、说明、解释司法决定的能力；团队工作能力；组织、管理和创新能力。这 13 种能力被认为是司法官的基本能力。选拔考试重在测试报名者已有和新获上述能力的水平。后续的任前培训和继续教育的目的是培养、增强和更新司法官的上述基本能力。

法国国家司法官学院组织的入院考试分为初试和复试，考试类型包括笔试和

面试。初试包括四场笔试：当今世界的社会、法律、政治和文化；民法；刑法；国家组织、司法组织、公共自由和公法。当今世界的社会、法律、政治和文化针对当今法国社会的现实问题，从司法、法律、社会、政治、历史、经济、哲学和文化的视角写一篇论文；本科目考试的目的是测试考生分析和理解社会能力，考试时间为 5 小时。民法题型为论文和案例分析，论文考试时间为 5 小时，案例分析考试时间为 2 小时；考试内容包括法律渊源、自然人、婚姻形式、亲属关系、亲权、财产、债、夫妻财产制、继承、证据、时效、诉讼、法律文书、期限、民事诉讼指导原则、证据管理、诉讼程序、和解程序、既判力、救济程序、民事执行程序。刑法题型为论文和案例分析，论文考试时间为 5 小时，案例分析考试时间为 2 小时。国家组织、司法组织、公共自由和公法题型为简答题，考试时间为 2 小时。复试包括综述、外语、欧盟法和国际私法、社会法和商法。综述考试是根据大概 30 页的司法文件、行政文件、司法判决、学说、法律条文、新闻报道、数据、资料摘要、报告等形式材料，撰写一篇关于特定司法、法律或行政问题的综述。综述考试时间为 5 小时。除综述外复试的其他科目均为面试形式，考试时间为 20 分钟至 30 分钟。不同类型考试内容总体一致。但考虑到考生来源的不同以及他们之间存在的实际差异，第二类、第三类考试和第一类考试略有区别。考试委员会每年会公布一份关于考试情况分析的年度报告。该委员会由司法官、大学教授等组成。

报名者通过国家司法官学院入学考试后成为司法官学员，被任命为助理司法官，接受任前培训。2009 年之前学员任前培训的期限为 31 个月，从 2009 年开始学员任前培训的期限延长为 36 个月。培训分为一般培训与专门培训两个阶段。一般培训以熟悉司法事务和了解其在任职期间必须知道的经济、社会生活中重要问题为目标。培训内容如下：在政府、地方行政单位、企业、外国或欧盟司法机构实习 13 个月；在国家司法官学院学习基本理论知识、司法礼仪、职业道德等内容，培训时间为 7 个月；在律师事务所实习 2 个月；在法院、检察院实习 14 个月。实习期间，司法官学员可以参加预审案件的审理，协助检察官出庭。除重罪法院审理的案件外，学员在合议时有发言权，但没有表决权。一般培训结束后，司法官学员将参加一次考试，以检测其知识掌握情况，评委将对学员进行评估、推荐其适合从事的职务。如岗位有设立可能，司法官学员可以在法官或是检察官两个职业之间进行选择。专门培训针对司法官学员毕业后将从事的工作，安排司法官学员在其将要工作的司法机构进行6个月专门实习。按照有关规定，对于凭资格直接进入司法官学院的司法官学员，学习期限可以适当缩短。[①]

三、法国国家司法官学院培训制度对中国的启示和借鉴意义

随着20世纪80年代以来司法机关的重建，中国司法官的培训发展迅速，经历了最初的法官、检察官法律夜校、政法干警培训学校等形式的探索后到1997年成立了国家法官学院、国家检察官学院，各省市基本都建立了省一级或省市两级培训机构和培训基地。立法上，《中华人民共和国法官法》《中华人民共和国检察官法》均对司法官培训工作进行了规定，如《中华人民共和国法官法》规定法官应当有计划地进行理论培训和业务培训（第26条），国家法官院校和其他法官培训机构按照有关规定承担培训法官的任务（第27条）。《法官培训条例》进一步明确法官培训分为预备法官培训、任职培训、晋级培训和续职培训。理论上，司法界就实现司法官职业培养与大学法学教育的统一，合理界定司法官的职前学历教育、职业专门培养和职业继续教育，建立统一独立的司法官培训机关形成了共识。但是由于我国司法官培训理论研究和实践起步较晚，相关培训制度尚不成熟，如没有行之有效的培训规划和方法，培训成绩没有合理有效使用等。尽管法国的司法官培训制度也存在问题和不足，但总体而言由于经过了几个世纪的延续发展，其制度还是比较成熟的，有不少可供我国司法官培训参考借鉴的做法。

（一）加强任前培训

法国法官选拔程序十分严格，在通过严格的考试之后，学员还须在国家司法官学院完成36个月的任前培训，培训期间由国家发放生活津贴。除了在国家司法官学院进行学习之外，还安排了大量的时间在法院、律师事务所实习，注重理论联系实践，熟悉职业环境，掌握司法程序，积累职业经验，为今后成为一名合格的司法官打下坚实的基础。我国目前的初任法官、检察官任前培训时间较短，总

① 对于具有特定职业经验的人，可以不经考试直接进入国家司法官学院，如年龄在31岁至40岁之间的候选人在司法、经济、社会领域中从事司法工作超过4年，且具有法律硕士学位；或年龄在31岁至40岁之间的候选人具有法学博士学位且同时拥有另一高等教育文凭。通过资格选任的人员总数原则上不得超过经考试选拔人数的1/4。

共10天左右，培训内容主要限于相关法律知识，没有制定一套有针对性的、系统性的培训计划。以法官培养为例，由于大部分被任命的年轻法官都有时间长短不同的书记员经历，有的在担任书记员期间也挂名办案，因此，近几十年来我国法官基本上因袭了“自学式”或“学徒式”的成长轨迹，指导他们办案的第一任法官将会对他们的整个职业理念和职业习惯产生重要的影响。实践证明，很多刚刚被任命的年轻法官对程序法不熟悉，审判经验欠缺，驾驭庭审能力较差，法律文书写作水平不高。这种培养模式带来的负面影响显而易见。首先，庭长和资深法官需要在工作中花费大量的时间对年轻法官进行培养，而且培训标准、要求很不统一，导致年轻法官水平参差不齐。其次，由于目前我国法院案多人少的矛盾十分突出，年轻法官都已成为各个法院的办案主力，他们压力太大，有的人似有被拔苗助长之嫌，不符合审判专业人才培养规律。比较而言，我国目前的年轻法官在开始办案后，至少要经过3年以上摸爬滚打才能真正独立办案，有的需要更长的时间。总体上讲，法国司法官任前培训制度的成效要远远超过我们目前的法官培养方式。

根据党的十八届四中全会的要求，我国应当建立法律职业人员统一职前培训制度。因此，考虑到法官、检察官的职业特点，我们建议借鉴法国经验，分别建立年轻法官、检察官任前培训制度。国家法官学院、国家检察官学院负责培训安排，主要由现任法官、检察官进行授课，培训时间为3年，课程内容除了法律理论之外，重点应当包括政治理论、法官职业道德、现代司法理念、庭审技巧、法律文书写作等。培训期间，安排学员到不同的法院、检察院实习，担任法官助理；安排学员到律师事务所实习，熟悉律师工作方式，尽快形成法官和律师属于职业共同体的理念。任前培训期间，为解决学员的后顾之忧，由国家统一给学员发放生活补贴。此外，凡是已经具有丰富司法实务经验人员担任法官、检察官的，也应当进行任前培训，但可以适当地缩短培训时间。

（二）完善在职培训

完善在职培训需要：第一，建立法官在职培训的强制制度。在法国，司法官完成在职培训任务是晋升考核内容之一。法国司法部要求司法官每年必须参加不少于5天的在职培训，并记入档案。我国国家法官学院每年也制定在职法官培训计划，各省市法官培训由当地法官学院负责。由于审判压力较大，很多法院为了完成培训指标，没有安排审判业务骨干参加培训，导致在职培训流于形式、效果欠佳。因此，我们应当建立科学的法官、检察官在职培训制度，切实提高法官、检察官的职业素养，更新法官、检察官的知识结构，真正地将在职培训落到实处。第二，丰富法官、检察官在职培训内容和形式。我国法官在职培训主要涉及新颁发法律、司法解释的学习与理解，以及最高人民法院就某一方面法律问题的最新意见。笔者建议，应当借鉴法国司法官在职培训的经验，在内容上，除法律知识之外，还应当加强在政治、社会、经济等领域的相关专业知识培训，重点加强法官裁判思维和裁判技巧方面的培训。

其　他

论规范高校基层教工党组织党内政治生活路径*

翟业虎　石家男**

摘　要　本文根据党和国家的政策，深入剖析了规范高校基层教工党组织党内政治生活的理论依据，概括了高校基层教工党组织党内政治生活中存在的四个问题，并总结出规范高校基层教工党组织党内政治生活四个方面的具体路径，以期充分发挥高校基层教工党组织的应有作用，进一步实现高校基层教工党组织党内政治生活的规范化。

关键词　基层教工党组织　党内政治生活　问题　路径

一、引言

2017年10月18日，习近平总书记在中国共产党第十九次全国代表大会上所作的报告中指出："加强基层组织建设。党的基层组织是确保党的路线方针政策和决策部署贯彻落实的基础。要以提升组织力为重点，突出政治功能，把企业、农村、机关、学校、科研院所、街道社区、社会组织等基层党组织建设成为宣传党的主张、贯彻党的决定、领导基层治理、团结动员群众、推动改革发展的坚强战斗堡垒"。早在2016年10月24日至27日，在北京召开的中国共产党第十八届六中全会上审议通过了《关于新形势下党内政治生活的若干准则》和《中国共产党党内监督条例》，对此，习近平总书记在会上作了专门说明，明确指出："加强和规范党内政治生活、加强党内监督，都是新形势下加强党的建设十分重要的课题，也是我们推进全面从严治党的重要抓手。"这就意味着我们党把规范党内政治生活

---

*　本文系2017年首都经济贸易大学党建与思想政治工作研究课题结项论文。

**　翟业虎，法学博士，首都经济贸易大学法学院教授，研究生导师；石家男，首都经济贸易大学法学院法律硕士。

提到了一个新的高度，开启了党的建设尤其是全面从严治党的新起点、新格局，为包括高校基层教工党组织在内的各级各类基层党组织创新工作理念和工作思路，抓好新形势下基层党建工作提供了思想引领和基本遵循。规范党内政治生活是当前基层党建工作的重要抓手，对于高校基层党组织来说，如何把规范党内政治生活落到实处、抓出实效、形成特色，用严肃规范、有声有色、高标准、高效率的党内政治生活为高校的改革发展和办学育人引领新航程、注入正能量。这是基层教工党组织在开展党内政治生活中所必须面对并解决的政治任务和现实课题，是需要全体教工党员以高度的思想自觉和行动自觉来探索基层教工党组织规范党内政治生活的有效路径。

二、规范高校基层教工党组织党内政治生活的理论依据

首先，“全面从严治党是党的十八大以来党中央抓党的建设的鲜明主题”，而高校历来是党的事业发展的战略基地、意识形态工作的前沿阵地、青年人才培养的重要园地。从某种意义上讲，全面从严治党能不能在高校这个特殊的平台上落地生根并向纵深发展，可以说是检验全面从严治党实际效度的一个“晴雨表”，能够直接彰显全面从严治党的生命力，也能够直接反映全面从严治党的公信度，更能够直接影响全面从严治党的实效性。推进全面从严治党下基层，首先必须把握住高校、把握住教工党组织这个“特殊基层”。结合高校的实际，要推动全面从严治党在高校落地生根并向纵深发展，必须坚持以高校基层教工党组织为主体，牢牢抓住党内政治生活这个“牛鼻子”。高校基层教工党组织要真正站好本位、聚焦本业、抓住根本，就必须深入到党内政治生活的生动实践中，以党内政治生活作为主要对象力行敢管敢治、严管严治、长管长治，切实担当起管党治党的主体责任。

其次，党的十八届三中全会审议通过的《中共中央关于全面深化改革若干重大问题的决定》明确提出了“深化教育领域综合改革”的总要求。具体落实到高等教育领域，就是要深化高校的综合改革，推进高校内涵发展、特色发展、创新发展。习近平总书记在全国高校思想政治工作会议上，着眼于我国高等教育发展道路和我国高校鲜明特质，对高校坚持正确办学方向的重大问题作了精辟阐述。这一系列带根本性的政治要求，集中体现了高校改革和发展必须始终坚持的正确方向，一旦偏离了正确方向，高校的改革发展就有可能走入困境甚至误入歧途。

因此，必须加强和改善党的领导，牢牢掌握党对高校工作的领导权，从基层教工党组织层面上强化党的权威、牢固党的领导，使高校成为坚持党的领导的坚强阵地。如此，方能让严肃规范的基层教工党内政治生活来确保党在高校工作中的领导权，从而为高校改革发展稳定提供坚强有力的思想、政治和组织保证。

最后，高校在党的事业发展中具有十分重要而特殊的地位，历来备受党的高度关注和重视，又具有突出的理论优势、人才优势、体制优势，还汇聚了数以百万计的高素质的党员干部队伍，理应成为党的领导和党的建设最可靠、最稳固的阵地，在全面从严治党的系统工程中发挥示范引领作用。与此同时，高校也处在意识形态工作的前沿地带，在当前全球思想文化交流、交融、交锋的大背景下，面对来自各种非马克思主义甚至反马克思主义思潮的冲击，高校的党建工作不可避免地受到影响。这些影响以及所产生的问题都源于党内政治生活的失常、失真、失范、失控。从近年来一些发生在高校的反面典型案件来看，领导班子或党员领导干部出问题，往往与所在单位的党内政治生活不认真是分不开的。只有真正使基层教工的党内政治生活按照党章的规定严格要求，恢复党内政治生活应有的政治性、时代性、原则性，才能真正使党的领导和党的建设得到切实保证，从而从根本上提升高校党建工作的引领力、支撑力、保障力。

三、高校基层教工党组织党内政治生活中存在的问题

党的十八大以来，基层教工党组织党内政治生活日趋严格规范，但也仍然存在随意化、平淡化、娱乐化、庸俗化等问题。

（一）民主氛围不浓，组织不力

部分基层教工党组织缺乏畅所欲言的民主氛围，许多教工党员民主意识比较淡薄，或是不敢指出问题、发表意见，或是仅关心教书与科研工作，对党内政治生活漠不关心。这会严重挫伤基层教工党组织发挥自身应有作用的能动性，导致党组织组织不力、形同虚设。

（二）制度存在缺陷，建设不到位

部分基层教工党组织党内政治生活领导机制和工作机制不顺畅，制度不够科学完备，落实制度打折扣、搞变通、做减法，基层教工党组织负责人对党组织活

动不够重视，党支部设置不尽合理，高校基层教工党组织轻教育重发展，导致教工党员参与活动积极性较差，党组织缺乏活力。更有甚者，很多高校基层党组织建设工作并没有真正做到贴近学校的中心工作，反而游离在中心工作以外，从而造成了不同程度的党组织建设工作党务化的不良倾向，显然影响到整个高校基层教工党组织建设的成效，也无法真正发挥出基层教工党组织政治核心与战斗堡垒的作用。

（三）组织生活偏重形式，质量不高

一些基层教工党组织党内政治生活缺乏实质性内容，徒具形式、空洞无物，标准不高、效果不好，普遍缺乏政治性、原则性和战斗性，导致高校思想政治教育工作与制度大多流于形式主义，无法让党组织的一些制度得到全面且有效的实施，还存在着党的组织生活时间与教学业务工作相互冲突的现象，甚至出现了一些带有娱乐性质的组织生活内容，使党的精神与政策不能及时有效地传达，更无法发挥其应有的作用。

（四）方式方法单一，创新不足

目前，基层教工党组织生活的民主化程度与党员民主意识日益增强，但一些党组织的活动仍然习惯于按“党组织—党员”的单向模式来运作，党员个体往往被动参与党组织开展的活动，党组织与党员个体之间互动不够。有时候，虽然党组织工作的主导作用得到了充分发挥，但有时难免发挥不当，又在一定程度上压抑了党员的主体性、创造性。同时，开展组织生活普遍沿用老办法、老模式，活动形式单一，载体不够多样；一些机关党内政治生活不够贴近党员实际，流于形式，缺乏吸引力。这样既无法充分传达上级党组织的精神与指示，也挫伤了教工党员参与活动的积极性。

四、规范高校基层教工党组织党内政治生活的具体路径

规范基层教工党组织党内政治生活是一项系统工程，因此，本课题将从宏观层面出发，提出统筹安排、进一步规范与加强高校基层教工党组织党内政治生活的具体路径。

（一）健全教育机制，树立党员的理想信念，夯实高校党内政治生活的政治根基

理想信念是共产党人的政治灵魂和精神支柱，也是共产党人在工作实践中的安身立命之本，更是广大党员干部在党内政治生活中进行自我锤炼、自我提升、自我完善的思想引擎。加强和规范党内政治生活，首先必须从思想政治建设入手，通过扎实有效的理想信念教育，在广大党员干部中播撒共产主义远大理想和中国特色社会主义共同理想的思想种子，厚植马克思主义信仰的“红色基因”，引导他们自觉遵从和践行党内政治生活规范，从而进一步夯实高校党内政治生活的政治根基。

高校是创新思想、塑造灵魂的神圣之地，在高校加强理想信念教育，更应该克服标签化、平淡化的倾向，注重推进理想信念教育的常态化。首先，要强化理论武装，组织高校的党员干部分阶段、有步骤、系统性地学习马克思主义理论及其中国化的系列成果，当前重点要学习党章党规和习近平总书记系列重要讲话，通过读原著、学原文、悟原理，从理论的高度深刻认识和把握人类社会发展的历史规律，认识和把握中国特色社会主义的历史必然性，不断树立为共产主义远大理想和中国特色社会主义共同理想而奋斗的自觉自信。其次，要创新学习制度，以党委中心组学习、“三会一课”、支部主题活动日、党员领导干部讲党课等制度为主要抓手，定期组织开展党内集体学习。在此基础上，加大制度创新的力度，探索建立与高校党员干部相适宜的理论学习学分管理制，把理论学习作为专项指标纳入基层党建工作述职考核评议之中，纳入领导班子和党员干部年度考核及民主评议之中，建立党员干部理论学习交流与成果表彰制度。最后，要拓宽教育途径，按照理想信念教育的内在规律，立足于高校的实际，积极探索理想信念教育的多样化途径，把统一性、集中性的党内学习教育活动与专业性、特色化的教学科研活动有机结合起来，把党组织的教育引导与党员干部个人的“学、思、践、悟”有机结合起来，把正面理论阐释和典型案例剖析有机结合起来，把历史总结与国际比较有机结合起来，从而使理想信念教育变得生动活泼、丰富多彩，更具亲和力、公信力、感染力。

（二）建立长效管理机制，运用法治思维，筑牢高校党内政治生活的阵地和平台

基层组织建设是构成党的建设系统工程的重要组成部分，也是推动党员干部为党的事业履职尽责的强大后盾和依托，更是支撑党内政治生活正常开展的重要阵地和平台。加强和规范党内政治生活，必须以党的基层组织建设作为重要载体，通过规范化的基层组织建设，建立健全基层党组织的构架体系，积极转变基层党组织的功能定位，不断创新基层党组织的运行机制，把党的基层组织建成具有强大凝聚力、战斗力、创造力的战斗堡垒，从而进一步筑牢高校党内政治生活的阵地和平台。

高校是立德树人、固本培元的特殊园地，在高校加强基层教工党组织建设，更应该克服单一化、空心化的倾向，注重推进基层组织建设的规范化。首先，逐步健全基层教工党组织的构架体系，打破基层教工党组织设置与行政机构设置完全重合的单一性、传统式的做法，顺应高校内部管理体制改革和学术共同体发展的需要，尝试把党支部建在学术团队，把党小组建在项目组、课题组，按照“横向到边、纵向到底、分类设置、动态调整”的原则，以学科专业发展为导向把专任教师、专职科研人员及学生等不同群体中的党员进行合理编排、优化组合，构建有利于学术发展的基层组织体系。其次，积极转变基层党组织的功能定位，着眼于把高校建成“坚持党的领导的坚强阵地”“培养社会主义事业建设者和接班人的坚强阵地”的政治要求，对新形势下高校基层教工党组织的功能进行精准定位，进一步提升基层教工党组织的学习功能，强化其在理论武装、价值观培育、意识形态构建等方面的使命，进一步突出基层教工党组织的创新功能，发挥其在学术方向引领、学术团队凝聚、学术纪律监督等方面的优势，进一步做实基层教工党组织的服务功能，体现其在平台建设、资源整合、条件支撑等方面的担当。最后，不断创新基层教工党组织的运行机制，在坚持和落实党的组织生活各项制度的基础上，结合高校的特点构建基层教工党组织运行的长效机制，建立基层党建工作目标管理及考核评议机制，基层教工党组织内部事务民主协商及集体决策机制，党内情况通报与信息沟通机制，不同类型基层党组织结对共建机制，党内激励、关怀和帮扶机制，党员干部联系和服务群众机制，从而使党内政治生活真正做到

规范开展、有效运转、从严从实。

（三）提高基层教工党组织工作者的能力素质，增强高校党内政治生活的主体自觉

党员干部队伍是基层党组织的主体力量，是基层党建工作的具体承担者、推动者，也是党内政治生活的行动主体。如何把党员干部队伍选优配强、用好管好，最大限度地释放党员干部队伍中蕴含的强大动能，是新形势下党内政治生活中根本性的问题。加强和规范党内政治生活，必须把党员干部队伍管理作为基础工作来抓，通过科学化的党员干部管理，不断提高党员干部队伍的整体素质，努力打造专业化的党务工作者队伍，切实把牢正确的选人用人导向，从而进一步增强党内政治生活的主体自觉。

高校是汇聚人才、支撑发展的战略高地，在高校加强党员干部管理，更应该克服随意化、教条化的倾向，注重推进党员干部管理科学化。首先，不断提高党员干部队伍的整体素质，严格按照标准做好在青年教师和大学生中发展党员工作，积极开展活动、搭建平台，使党员干部在立足岗位履职尽责、奉献社会服务群众的实践中受教育、长才干、作表率，充分整合各类教育资源，有计划地在党内实施全员培训工程、工作骨干培养计划、领导能力提升计划、专业人才支持计划、党建工作精品项目，引领和助推党员干部健康成长成才。其次，努力打造专业化的党务工作者队伍，坚持把党务工作者队伍建设纳入高校人才队伍建设的整体谋划之中，制定并实施党务工作者队伍建设专项规划，统筹解决基层党务工作者在编制、岗位、职级、专业技术职称、待遇、培训方面的问题，尤其是要选优配强党务部门和院系党总支的负责人，按照政治强、业务好、有威望的要求和好干部标准，切实把好政治素质关，实施教师党支部书记“双带头人”培育工程和学生党支部书记“双育”工程，推动党务、业务一体化、两促进。最后，切实把牢正确的选人用人导向，进一步强化高校党组织的领导和把关作用，切实把党章规定的干部条件和高校的实际结合起来，确立高校好干部的具体标准，把干部任用选拔工作的一般规律和高校的特点有机结合起来，探索高校干部工作的新机制，以创新、协调、绿色、开放、共享五大发展理念构建高校干部政绩观，切实做好干部的科学评价、公正推荐、合理任用，建立健全干部的正向激励机制、督导问责

机制和容错纠错机制，推动高校干部爱岗敬业、清正廉洁。

（四）加强党内文化宣传，增强文化自信，扩大高校党内政治生活的辐射力量

党内文化是体现党的性质宗旨和彰显党组织软实力的鲜明标识，也是推动党员干部保持文化自信和政治定力的重要源泉，更是严肃党内政治生活和净化党内政治生态的内生力量之一。加强和规范党内政治生活，离不开党内文化的涵养，必须始终把党内文化建设作为重要的动力源，通过系统化的党内文化建设，弘扬党内精神文化，培育党内制度文化，优化党内行为文化，完善党内物质文化，从而进一步扩大党内政治生活的辐射力量。

高校是文化传承创新、以文载道化人的重要基地，在高校加强党内文化建设，更应该克服碎片化、空泛化的倾向，注重推进党内文化建设的系统化。首先，弘扬党内精神文化，以中国共产党的伟大精神为底色，以社会主义核心价值观为内核，通过深度挖掘高校党建工作的丰厚底蕴和丰富资源，系统总结高校党组织和党员干部优秀典型中蕴含的精神特质，从而提炼出符合时代需要、彰显高校个性的党内精神文化，为高校党内政治生活注入向上向善、从严从实、求真求精的精气神。其次，培育党内制度文化，以立党为公和立德树人为核心理念，以全面从严治党为政治导向和根本遵循，把党的制度治党优势和高校改革发展的实际需要相结合，从整体上探索构建具有高校特色的党建工作管理体系、制度体系、标准体系，在高校党员干部队伍中积极倡导“按原则、遵制度、讲程序、守规矩”，形成高度的制度自觉。再次，优化党内行为文化，以党内主题教育实践活动为载体，推动高校党的先进性和纯洁性建设向纵深发展，积极做好高校系统的先进典型宣传推广和典型案例剖析警示，引导党员干部把“严以修身、严以用权、严以律己，谋事要实、创业要实、做人要实”的要求内化于心、外化于行，转化为高校党员干部的行为范式和内在品质，从而彰显高校党员干部的政治本色、塑造高校党员干部的良好形象。最后，完善党内物质文化，着眼于构建共产党员的心灵归宿和精神家园，充分整合校内外的红色文化资源，建立多样化的党性教育基地，在校内设立党员活动室、红色书库，打造集信息传播、理论教育、互动交流、身份管理等多种功能于一体的党员网上平台，使党的形象在校园里听得见、看得见、感受得到。

我国校园体育设施向社会开放的法律困惑与对策

李倩楠　张世君*

摘　要　校园体育设施是全民体育健身设施中的"主力军"。鼓励校园对外开放体育设施政策推行至今已有十余年之久，但现实却是校园体育设施向社会公众开放的效果并不理想，特别是占有大多数体育设施资源的中小学校园体育设施向社会公众开放程度普遍较低。制约中小学校园体育设施对外开放的关键性原因之一是对外开放体育设施所面临的诸多法制困境，本文从公立中小学校园体育设施的性质、体育活动中人身伤害事故的民事责任承担等方面分析中小学校园体育设施对外开放所面临的法制困境，并力求提出科学合理的破解之策。

关键词　校园体育设施　对外开放　法律困惑

一、问题的提出

晚近以来，伴随我国社会经济的快速发展，人们的生活水平不断提高，越来越多的民众开始关注自身健康状况，健康的生活方式逐渐成为一种时尚追求。在这一过程中，政府及时为纳税人提供适合的体育设施与健身场所，建立优质的全民健身服务体系成了建设小康社会的必然要求和题中应有之义。根据 2005 年第五次全国体育场地普查工作简报显示，我国当时可供公众使用的体育场地和设施非常有限，而集中在大中小学校的全国 65.6%的体育场地却没有得到充分利用。这就使日益增长的全民健身需求与体育设施严重不足的客观现实之间形成了尖锐的矛盾。为了解决这一问题，国家推出了校园体育设施向社会开放的重要举措并通

* 李倩楠，首都经济贸易大学法学院民商法专业硕士研究生；张世君，法学博士，首都经济贸易大学法学院教授，研究生导师。

过相关制度规范予以保障。

2006 年 10 月，国家体育总局与教育部为推进校园体育设施向社会开放共同制定了《学校体育场馆向社会开放试点工作方案》[①]，这是我国首个专门为校园体育设施对外开放制定的政策文件。为配合试点工作的顺利实施，国家体育总局和教育部先后批准了29个省市区的499所中小学校作为试点单位面向社会对外开放体育场馆。2009 年，国务院颁行《全民健身条例》，该行政法规强调公办学校应积极创造条件向公众开放体育设施，并鼓励民办学校向社会开放体育设施。随后，江苏、四川、安徽、湖南、上海、浙江、内蒙古、山西、陕西、广东、北京等省、自治区、直辖市纷纷着手制定或完善各地的全民健身条例，以进一步落实中央政府的精神。2016 年 6 月，国务院印发《全民健身计划（2016—2020 年）》亦明确提出，要确保公共体育场地设施和符合开放条件的企事业单位、校园体育设施向社会开放。[②]

时至今日，虽然相关制度建设不断完善，体育场地数量及面积也有所增加，一定程度上缓解了前述矛盾，但有数据表明，我国校园体育设施向社会开放的效果并不理想。2014 年第六次全国体育场地普查数据公报显示，在全国体育场地中，教育系统管理的体育场地 66.05 万个，占 38.98%；场地面积 10.56 亿平方米，占 53.01%。其中中小学场地数量达 58.49 万个，数量占比为 34.51%；中小学体育场地面积为 9.29 亿平方米，面积占比为 46.61%。[③] 由此可见，中小学校园体育设施是全民体育健身设施中的“主力军”，但现实却是中小学校园体育设施向社会公众开放程度普遍较低。以北京市为例，截止到 2014 年，全市 1 700 余所中小学中，向公众开放体育设施的中小学仅有 635 所，占全部中小学的 37.1%，比前几年有所下降。[④] 作为首善之区的北京市的中小学校园体育设施对外开放现状如此不理想，那么我国其他地区的实际情况就更可想而知了。反观邻国日本，早在 1989 年，全国 99%的市镇村就开放了公立学校（小学、初中、高中）的体育设施。根

---

① 国家体育总局官网.《〈全民健身计划纲要〉实施十五年》白皮书发表（附全文）[EB/OL].[2012-01-18]. http://www.sport.gov.cn/n16/n1077/n297454/2662625_4.html.

② 陈华荣. 实施全民健身国家战略的政策法规体系研究 [J]. 体育科学，2017（4）：79.

③ 数据来自：国家体育总局官网. 第六次全国体育场地普查数据公报 [EB/OL]. [2014-12-26]. http://www.sport.gov.cn/n16/n1077/n1467/n3895927/n4119307/7153937.html.

④ 王皓. 中小学体育设施向公众开放不足四成 [N]. 北京日报，2014-05-24.

据日本文部省公布的资料显示，日本 99.2%的公立学校不同程度地承担着对地域居民开放体育设施的职责。[①]

在我国，校园体育设施不能充分为社会所用的原因很多。有学者从传统思想观念的角度进行了分析，指出多数中小学校固守传统理念，始终认为学校是教书育人的地方，学校的使命就是教学，学校的资源理应由学校支配，理应仅供学生和老师使用。[②]还有实务部门的同志从现行体制出发，指出教育行政管理机关与体育行政管理机关的目标不一致，学校由教育行政管理机关管理，其目标在于教学秩序的维护；而推动校园体育设施的开放，促进全民健身的实现，更多的是体育行政管理机关的绩效要求，难以直接对学校形成制度约束。这些研究不乏真知灼见，但笔者更认为，中小学校园体育设施对外开放所面临的法制困境亦是导致开放问题的关键性因素之一，而这一因素在以往的研究中恰恰被忽视了。基于此，本文拟从公立中小学校园体育设施的性质、体育活动中人身伤害事故的民事责任承担等方面分析中小学校园体育设施对外开放所面临的法制困境，并力求提出科学合理的破解之策。

二、我国公立中小学校园体育设施的属性及其所造成的法律困惑

（一）我国公立中小学校园体育设施的属性

理清校园体育设施的性质是探讨校园体育设施可否对外开放的前提，其决定了校园体育设施对外开放的对象、时间、方式及费用等多方面问题的取舍、选择和确定。我国《中华人民共和国教育法》第 32 条第 3 款规定："学校及其他教育机构中的国有资产属于国家所有。"就公立中小学校园体育设施而言，均是国家为从事学校体育教育活动，利用国家资金建立的体育设施。因此，公立中小学校园体育设施等相关资产的所有权主体是国家，政府教育主管部门或具体管理部门拥有该类体育设施的使用权，可以决定对于校园体育设施的使用方式、范围、权限及途径等。

由于公立中小学校园体育设施的所有权与使用权归国家所有，所以这些体育

① 汪玲玲. 关于提高体育场地设施利用率的对策研究［J］. 浙江体育科学，1999（3）：61-62. 转引自：唐迅，冉建. 国外校园体育设施及开放现状述评［J］. 山东体育科技，2008（1）：86.

② 邹巍. 校园体育设施与社区全民健身资源互补研究［D］. 重庆：西南大学，2014.

设施具有社会公共资源的属性。[①]而社会公共资源的属性，又决定了体育设施承载的公共利益属性，即应当能够持续性地为公众使用，实现以群众健身为主要目的的社会福利，并且其使用对象应当为“不特定的多数人”。但需要指出的是，中小学校园体育设施虽然具有社会公益属性，但它们并不能被直接认定为就是公共文化体育设施。结合我国《公共文化体育设施条例》第2条第1款的规定，公共文化体育设施是指由各级人民政府举办或者社会力量举办的，向公众开放用于开展文化体育活动的公益性的体育场（馆）等的建筑物、场地和设备[②]，例如街道健身场所、公共体育公园等。与这些真正意义上的公共体育设施相比，中小学校园体育设施虽然可以提供给公众使用，具有社会公益属性，但其仍具有一定的封闭性。

（二）基于公立中小学校园体育设施的属性所造成的法制困境

中小学校园体育设施对外开放后，势必会加大校园体育设施的使用率，随之而来的问题就是校园体育设施耗损过快，加快了体育场馆及体育设施的折旧速度。由校园体育设施的国有性质与公益性质可知，学校配置及维护体育设施的基本经费都来源于国家的财政拨款，对外开放体育设施需要额外的运营维护成本并会造成额外的物耗损失，而学校没有维护设施开放和弥补物耗损失的经济条件。因此，学校往往难以承担开放过程中的资金压力，经费问题于是成了学校体育设施对外开放所面临的最现实问题。目前，我国中小学学校体育设施对社会开放时主要存在三种收费方式：免费开放、按正常体育场所经营收费标准收取费用或适当收取少量费用。在上述措施中，免费开放显然不足以弥补学校体育设施对外开放所造成的额外成本，会给学校财政带来过重的负担；而按正常体育场所经营收费标准收取费用显然与国家全民健身的大局不符，且因体育消费并非生活必需消费，过高的收费也有可能会造成人员流失的经营风险；适当收取少量费用是能作为学校管理的一种补偿措施，但同开放运营成本相比，经费支出缺口甚大。[③]

为了解决这一问题，部分学校采用委托或与社会组织联合、租赁、承包等方

① 曹春宇. 校园体育设施资源社会化的法律透视［J］. 首都体育学院学报，2008（2）：9.

② 张金桥，王健. 我国公共体育设施供给实践的内在逻辑［J］. 北京体育大学学报，2013（8）：6-7.

③ 余学锋，沈建华. 学校体育活动场所开放现状的研究［J］. 成都体育学院学报，2000（4）：37.

式进行间接管理。[①] 这些经营模式具有积极的实践意义，分别针对不同的情形适用于我国的各个中小学学校。但有实务人士认为，这种做法不仅有违公立学校体育设施的公益性质，还涉嫌国有资产流失，属于打法律法规和现行财政管理体制的擦边球，存在违规风险。根据财政部部门规章《事业单位国有资产管理暂行办法》第 21 条的规定："事业单位利用国有资产对外投资、出租、出借和担保等应当进行必要的可行性论证，并提出申请，经主管部门审核同意后，报同级财政部门审批……事业单位应当对本单位用于对外投资、出租和出借的资产实行专项管理，并在单位财务会计报告中对相关信息进行充分披露。"财政部门和主管部门应当加强对事业单位利用国有资产对外投资、出租、出借和担保等行为的风险控制。因此，在当前的法制框架内，特别是严格的党风廉政追责和经济责任审计的高压态势下，中小学校引入社会组织运营校内体育设施向社会开放，一旦处置失当，可能会面临国有资产流失以至被追责的后果。这不仅成为我国众多中小学校管理者最为担忧的问题，也是造成中小学校园对社会开放的客观法制障碍。

三、公立中小学校园体育设施对外开放涉嫌国有资产流失的讨论

笔者认为，因公立中小学校园体育设施的所有权均归国家所有，因此学校作为校园体育设施的实际管理者和使用者就有权采取直接或者间接的合法方式进行多种方式的管理和使用。关于中小学校园体育设施对外开放是否涉嫌国有资产流失的担忧是没有必要的，这种困境的形成很大程度上囿于对相关部门规章的理解与适用不到位所致。所谓国有资产流失，是指国有资产的出资者、管理者、经营者，因主观故意或过失，违反法律、行政法规和规章，造成国有资产的损失。而根据《事业单位国有资产管理暂行办法》第 19 条的规定，"事业单位国有资产的使用包括单位自用和对外投资、出租、出借、担保等方式"。因此，该条法律规范原则上赋予了事业单位有对其国有资产进行对外投资、出租、出借、担保的权利。依此规定，中小学校等事业单位将体育设施对外投资、租赁，与立法精神并不违背。

但是，为了保障国有资产的合理使用，《事业单位国有资产管理暂行办法》第 21 条在国有资产对外投资、出租、出借、担保的审批程序、资产管理、信息披

① 刘昕，刘静，胡月英，等. 现行中小学体育场馆面向社会开放的模式及其相关政策法规综述［J］. 西安体育学院学报，2011（5）：532-534.

露等方面提出了具体的要求。因此，只要符合《事业单位国有资产管理暂行办法》第 21 条的程序性要求，学校引入社会力量运营校内体育设施就不存在法律障碍。换言之，只要合法合规运用校园体育设施进行经营，就不存在资产流失的嫌疑。明确此点，可以化解各地中小学校负责人的疑虑，促使他们在推动体育设施向社会开放方面采取更加积极的态度。当然，如果学校在运营和使用体育设施过程中，因监管制度不到位，导致体育设施运营管理较为混乱，出现账账不符、账物不符的现象，甚至出现学校相关人员虚假申报体育设施维护经费、私自挪用或贪污体育设施运营收入的，则可能构成国有资产流失，自应依法追究其相关人员的法律责任。

四、公立中小学校园体育设施对外开放后法律责任划分的法律困惑

践行公立中小学校园体育设施对外开放的这一惠民举措应以不影响学校正常教育工作和确保师生人身及财产安全为首要前提。而近几年由于校园恶性案件数量持续攀升，校园体育设施尤其是针对中小学校园体育设施对外开放后可能带来的安全隐患则不容小觑，其安全具体主要表现在两个方面：一是学校财产安全，既包括体育设备、教学设施、环境绿化等公共财产，也包括师生财产等个人财产。二是人身安全，特别是学生和校外锻炼人员的人身安全。而这方面恰恰是各地中小学校最为担心的问题，一旦发生人身安全事故，学校根本无力承受来自社会舆论、学生家长、教育行政管理机关的巨大压力。但我国现有民事法律中对于法律责任分担的规定，却在一定程度上极大地束缚了学校对社会开放体育设施的积极性。

（一）学校与体育设施使用者（自然人）之间的责任划分问题

1. 校园体育设施致人损害后的责任划分

体育运动的本质特点是以身体练习为手段，增强体质，促进人的全面发展，为社会发展服务。科学合理地参加体育运动有助于运动者的身体健康，但是任何体育运动都有其自身固有的或者是因人而异的潜在风险，因此，基于体育运动无法绝对排除的风险性特征，人身伤害事故无法避免。依据现有侵权责任法的基本理论，校园体育设施在对外开放中，学校应对公众承担合理限度范围内的安全保

障义务。如果依照法律规定或者约定对他人负有安全保障义务的主体没有尽到此种义务，而他人因此遭受人身损害，负有安全保障义务的主体应当承担补充赔偿责任。我国的司法实践中，在《中华人民共和国侵权责任法》（以下简称《侵权责任法》）尚未颁布之前，就已经有人民法院于相关判决中明确肯定了学校应对公众承担必要的安全保障义务。

例如，河南省高级人民法院公开发布的一则案例：2007 年 8 月 25 日晚，初中生鲁某与该村 3 名同学一起到离家不远的郑州市某培训学校东院训练场玩耍，鲁某与几位同学在攀登训练场内的一篮球架嬉戏时，篮球架突然倾倒，致鲁某受重伤，多次到医院住院治疗，伤情被评定为二级伤残。因赔偿问题，其父与培训学校协商未果，遂诉至人民法院，人民法院经审理后判决让被告培训学校赔偿鲁某住院医疗费、医疗辅助器械费等经济损失的 70%即 369 439.87 元，并支付鲁某精神抚慰金 5 万元。被告不服提起上诉。二审人民法院最终判决驳回上诉，维持原判。[①] 河南省高级人民法院认为，根据《最高人民法院关于审理人身损害赔偿案件适用法律若干问题的解释》第 6 条第 1 款的规定，“从事住宿、餐饮、娱乐等经营活动或者其他社会活动的自然人、法人、其他组织，未尽合理限度范围内的安全保障义务致使他人遭受人身损害，赔偿权利人请求其承担相应赔偿责任的，人民法院应予支持”。本案中，郑州市某培训学校作为训练场上篮球架的所有人和管理人，应对篮球架的使用和维护尽必要的安全管理义务，因其未尽安全保障义务致人损害的，其主观上具有过错而被人民法院判定应承担相应的赔偿责任。

2009 年《侵权责任法》颁布后，第 37 条更是明确规定：“宾馆、商场、银行、车站、娱乐场所等公共场所的管理人或者群众性活动的组织者，未尽到安全保障义务，造成他人损害的，应当承担侵权责任。因第三人的行为造成他人损害的，由第三人承担侵权责任；管理人或者组织者未尽到安全保障义务的，承担相应的补充责任。”因此，依据现有的《侵权责任法》，校园体育设施对外开放后，学校在一定程度上被纳入公共场所范畴，就应承担其必要的安全保障义务，一旦运动者在使用体育设施过程中受损，学校承担法律责任的可能性较高。如此一来，学校本着“多一事不如少一事”的畏难思想，往往会选择不对外开放体育设施。如

① 案例来自：河南省高级人民法院官网. 学校对其训练场负有安全保障义务[EB/OL].[2010-09-30]. http://www.hncourt.gov.cn/public/detail.php?id=105160.

何解决这一问题，笔者认为，应当根据校园体育设施对外开放的不同管理模式与收费制度，对学校的安全保障义务进行划分和明确。若在校园体育设施无偿对外开放的情况下，如果体育设施使用者（自然人）从事体育运动时受到损害，校方虽然承担责任，但应予以减轻；若在校园体育设施有偿对外开放的情况下，对学校的安全保障义务要求则应随之增加。

2. 校外人员对校内学生人身损害的责任划分

校园体育设施开放的时间段可划分为学生上课前、学生放学后以及寒暑假、双休日等节假日，即非教学时间，但即使如此，也无法完全避免校外人员与校内学生的接触。针对校外人员进行体育锻炼过程中发生伤害学生的事故，应当由学校承担责任还是校外人员承担责任也成了困扰学校管理者的问题。《侵权责任法》第 40 条规定：“无民事行为能力人或者限制民事行为能力人在幼儿园、学校或者其他教育机构学习、生活期间，受到幼儿园、学校或者其他教育机构以外的人员人身损害的，由侵权人承担侵权责任；幼儿园、学校或者其他教育机构未尽到管理职责的，承担相应的补充责任。”本条款确立了学校对外来第三人加害行为的补充赔偿责任。即校外体育设施使用者系教育机构外的第三人，在其进行体育锻炼过程中造成无民事行为能力人、限制行为能力人的人身权益受损害时，校外体育设施使用者是致使损害结果发生的直接行为人，不论其主观上是否存在过错均应承担相应的侵权责任。而学校在未尽管理职责的情况下，必须对学生的损害承担补充责任。但从举证的角度出发，学校很难证明自己尽到了管理职责和保护义务，在某种意义上，学校承担补充责任的风险很高。

因此，部分学校通过与来校进行体育锻炼的校外人员签订相关协议的方式，实现减轻、规避校方对校外人员的相关管理责任。例如，有些中小学按照相关政策提供体育设施供校外人员使用，但为进行体育锻炼而进入学校的外来人员必须提前向校方提出预约申请并签订相关的安全责任协议；且当校外人员进入学校时需统一填写“校外人员使用体育设施登记表”，即所谓的“校外人员自己对自己在体育锻炼过程中的安全负责”“带队者对自己的组员负责”。但问题在于，学校与外来锻炼者签订的《安全协议书》或《安全责任书》是否具有法律效力？笔者认为，《安全协议书》或《安全责任书》相当于校方与体育设施使用者之间所签订的合同，学校为了减轻自己的责任，事先与当事人约定免责条款并载入双方订立的《安全协议书》或《安全责任书》。依据我国现有《中华人民共和国合同法》（以下简称《合同法》）第53条的规定，当发生以下两种情形时，学校与体育设施使用者签订的《安全协议书》或《安全责任书》中校方的免责条款无法律效力，即一是造成对方人身伤害；二因故意或者重大过失造成对方财产损失的。因此，签订免责条款并不能完全消除责任的承担。总之，在现有的《侵权责任法》与《合同法》的制度框架内，对学校的安全保障义务要求被不断提高，会致使校方产生畏难情绪从而抱有“做得越多错得越多”的心态，而拒绝将校园体育设施资源对外开放。如何鼓励学校在开放体育设施的同时积极探索减轻学校法律风险的措施和方案，也亟待相关规则的完善。

（二）学校与运营单位之间（组织）的责任划分问题

1. 学校与体育设施经营单位之间的不同模式

前文已述，除自行管理的模式之外，部分学校采用委托或与社会组织联合、租赁、承包等方式对学校体育设施进行间接管理，具体又可分为两种：专业机构承包模式，与社区共建模式。

专业机构承包模式，是指体育设施的所有权和经营权分离，在所有制性质不变的前提下，学校通过签订相关合同委托专门主体负责体育设施的经营管理。按照受托主体不同还可将该模式细分为委托个人、委托公司及委托事业单位经营管理，其经济收益依次降低但安全保障系数则依次升高。[①] 该模式多适用于体育设施情况较好、地理位置适宜的学校。

与社区共建模式，是指学校提供体育设施，社区、街道在学校的协助下负责体育设施对外开放的管理工作。在开放过程中，双方按签订的协议各负其责；开放对象主要是当地居民、社区、街道组织的统一活动；在对开放学校的经费补贴上，按照“社区所需，群众所求，自己所能”“政府购买服务”等一系列原则对校方实行“政府补贴一点，学校支持一点，市民交纳一点”的优惠措施，每隔一段时间由社区、街道根据实际开放情况，在分析考评后向学校提供部分经费补贴。

---

① 周顺锡. 学校体育场馆资源与社会共享机制的研究——基于宁波东恩中学委托管理模式调研［J］. 浙江体育科学，2008（3）：22-24.

上述管理模式各有利弊，分别针对不同的情形适用于我国的各个中小学学校。但是不可否认的是，不论哪一种模式，都存在着法律上的困境。特别是出现校园体育设施致人损害事件时，如何划分学校与运营单位之间的责任，也成了公众关心的焦点问题之一。

2. 法律责任划分的困惑

根据我国现有《侵权责任法》的规定，学校作为校园体育设施的所有人和管理人，应对校园体育设施的使用和维护尽必要的安全管理义务，在学校未能充分履行其安全保障义务时，应承担相应的赔偿责任。但伴随着现实中体育设施的所有权和经营权的分离，在学校通过签订相关合同全部委托或部分委托专门机构负责体育设施经营管理的情况下（包括与社区共同经营型），一旦发生校园致损事件，所有者与管理者、受托经营者之间的责任如何划分，在现行的法律法规中并未得以明确。这样的情况会导致出现两个层面的消极影响：一是社会公众因担心自身安全无明确制度保障，从而放弃去学校进行体育锻炼，致使校园体育设施在能够对外开放的时间出现闲置现象；另一方面学校与运营单位之间的责任没有明确划分标准，各方唯恐在出现校园体育致损事件时自己多担责任，从而导致学校从根本上拒绝对外开放。

五、对策与建议

（一）通过法制教育消除观念误区

政府需要对学校强化服务大众的理念，社会公共事业的意义就在于服务社会全体成员，而作为公共财政投入重要主体的教育事业，其本质上仍属于社会公共事业的一部分，理应贯彻为社会全体成员服务的理念。一方面，中小学学校要打破体育设施单位所有的陈旧观念，充分认识到体育设施对社会开放所产生的社会效益，不仅要落实学校教育这一基本原则，更要放眼全社会，通过大力推广校园体育资源对外开放，从而实现与社区相容、为社区服务的目标，进而为和谐社会的构建更好地出一份力。另一方面，也要摒弃那种认为开放中小学校园体育设施涉嫌国有资产流失的观点，只要合法合规运营，不会产生国有资产流失的问题。学校应明白“开放”不仅仅是“付出”，其实质是“相互利用”，社区也有为学校服务的优势资源。通过逐步加深社会大众使用校园体育资源的程度，推进教育资源的共享化，进一步促使学校教育不再局限于传统课堂和教师，最终推动教育向社会化的方向发展。通过教育与社区乃至社会的不断融合，从而构建由学校、家庭、社区三者共同组成的“黄金三角”，实现三者互相服务、互相制约、互为促进的良好局面。[①] 当然，学校也要积极制定配套的财务监管制度，来加强对学校体育设施投资与经营的管理。

（二）制定法律法规以保障政策落实

应当将校园体育设施作为全民健身资源的一部分纳入立法进程，将针对校园对外开放体育设施行为的相关规范上升到法律法规层面上去，使学校对外开放体育设施有法可依、有章可循，清楚地了解自身应当做什么，不应做什么，从而消除校方“畏难”的情绪，从根本上加快中小学开放校园体育设施的脚步。特别是面临我国目前仅从行为模式这一单一方面对学校开放体育设施进行了法制上的规范，而具体涉及违背行为模式后所应面临的后果及相关法律责任的承担的条文却是凤毛麟角。涉及法律后果和责任方面的短板，直接导致学校体育设施对外开放的立法徒有其表，更有甚者其对校园体育设施对外开放的保障、促进作用等设想成为一纸空文。笔者建议，研究制定行政法规“校园体育设施开放管理办法”，细化规定相关问题，从法治的角度确定校园体育资源的具体开放面对的客体及相关开放模式、明确包括收费及工商税收政策在内的开放管理制度，建立开放安全标准，尤其要着眼于寻找校方责权利效的平衡点，更要细化具体法律责任，明确学校不按照该管理办法开放的后果及相关处罚，从而通过法制手段敦促有条件的学校在非教学时段内充分向校外人员开放体育设施。

（三）科学划分法律责任的承担

从安全管理这一角度，针对校外人员来校锻炼过程中可能存在的人身、财产安全风险，学校应积极建立一套安全管理制度，特别是要清晰界定相关主体之间的责任划分问题。在遵循《中华人民共和国民法通则》《侵权责任法》基本规则的前提下，可以通过制定“校园体育设施开放管理办法”，对开放过程中产生伤害事

---

① 邹巍. 校园体育设施与社区全民健身资源互补研究［D］. 重庆：西南大学，2014.

故后的责任承担进行更加具体的认定。同时，学校也可以考虑引入商业保险机制，督促居民特别是长期锻炼的居民购买人身意外保险，这就使保险公司分担了本应由学校承担的风险，充分缓解了学校承担责任的压力。政府应针对学校具体开放费用及相关保险费用划拨专门款项，使学校不至于面临保险费的压力，解除其投保费用负担。[①] 这无疑对政府、学校、社会和公众来说都是一种理智的选择。

① 朱文英. 我国学校体育设施对外开放中的致害责任探析［J］. 天津体育学院学报，2010（6）：496.

完善我国的职业病诊断和鉴定制度

——以河南民工张海超的“开胸验肺”事件为例

王少波*

摘 要 发生在2009年的河南民工张海超的“开胸验肺”事件，引起了人们对于我国职业病诊断和鉴定制度的关注。本文在剖析我国现有职业病诊断和鉴定制度的基础上，分析其存在的明显的弊端：职业病诊断机构的垄断性，诊断和鉴定程序中对申请材料的不合理要求等；文章还分析了造成这一现状的社会背景根源——社会转型；最后提出完善这一制度的建议：职工申请选择职业病的诊断机构应具有一定的灵活性，应将负责职业病诊断机构批准工作与组织鉴定工作的卫生行政部门分离，职业病诊断和鉴定申请所需材料应由用人单位提供。

关键词 “开胸验肺” 职业病诊断和鉴定制度 举证责任倒置

一、张海超“开胸验肺”案情简介

根据2009年7月19日新华网报道①：河南省新密市刘寨镇农民张海超曾是郑州振东耐磨材料有限公司的一名职工，从2004年8月到2007年10月在该公司打工期间，历经杂工、破碎、压力机三个工种，他说这三个工种都会接触到粉尘。2007年8月，他感觉身体不适，还有咳嗽、胸闷症状，随后一直当作感冒治疗。后来，张海超来到郑州市第六人民医院拍胸片检查，显示双肺有阴影，但不能确诊病情。意识到病情严重的张海超此后到河南省人民医院、郑州大学第一附属医

---

* 王少波，北京物资学院商学院副教授，研究方向是劳动关系与劳动法。

① 生活观察.“开胸验肺”悲剧折射职业病维权困境［EB/OL］. http://news.xinhuanet.com/life/2009-07/19/content_11730719.htm.

院、河南胸科医院等各大医院就诊，几家医院均告诉他患上了“尘肺病”，并建议他到职业病医院进一步诊治。这时他怀疑就是在郑州振东耐磨材料有限公司患上的职业病。为了确诊，2009 年 1 月，张海超到了北京，他先后在北京多家医院就诊，得出的结论也为“尘肺病”。但由于张海超就诊的各大医院都不是法定的职业病诊断机构，这些医院在出具的诊断结论中只能用“疑似尘肺”和“不排除尘肺”等表述。根据职业病防治法的规定，职业病的诊断要由当地依法承担职业病诊断的医疗机构进行，职业病检查需要用人单位出具劳动者职业史和职业病危害接触史（包括在岗时间、工种、岗位、接触的职业病危害因素名称等）、劳动者职业健康检查结果、工作场所职业病危害因素检测结果、职业性放射性疾病诊断还需要个人剂量监测档案等资料以及与诊断有关的其他资料等多种证明。当张海超去申请职业病诊断时，他曾经工作过的振东耐磨材料有限公司却不愿出具有关证明手续，理由一是张海超并没有长期在企业里工作，而是时断时续；二是他离开振东耐磨材料有限公司后，又到中岳塑化公司上过班。在历经多次上访甚至和振东耐磨材料有限公司发生冲突后，在新密市领导的协调下，振东耐磨材料有限公司才不得已提供了证明。张海超终于得以在 2009 年 5 月 12 日去郑州市职业病防治所进行诊断。然而 5 月 25 日，郑州市职业病防治所对其诊断为“无尘肺 0＋期（医学观察）合并肺结核”，拿到这个结果后，张海超不予认可。他把多家医院的诊断结果拿给郑州市职业病防治所的医生，但没有得到认同。按照现行法规，郑州市职业病防治所的诊断才是具有效力的，负责协调的新密市信访局和用人单位振东耐磨材料有限公司负责人也只认同郑州市职业病防治所的诊断结果，因此张海超索赔无门。无奈之下，张海超再次来到郑州大学第一附属医院，要求做手术开胸检查。尽管做该手术风险极大，但为了验证自己所患的病是职业病，在张海超的强烈要求下，医院最终为他做了手术。术后的肺检结果为“肺组织内大量组织细胞聚集伴炭末沉积并多灶性纤维化”。2009 年 7 月 1 日，张海超因为支付不了医疗费不得不出院，郑州大学第一附属医院开具的出院记录上写着“尘肺合并感染”的诊断。张海超的这一悲壮举动在媒体关注下最终得到了合理的解决。[①]

这一极端事件的发生以悲壮的方式提出了我国职业病诊断和鉴定制度所存

① 据新浪网报道：开胸验肺农民工被认定工伤已提请伤残鉴定，张海超最终被认定尘肺三期，有关责任人受到了追究. http://news.sina.com.cn/s/2009-07-29/193118323790.shtml.

在的问题，也引起了人们极大的关注，因为这一制度牵涉广大职工劳动权利的实现与保障问题。笔者在研究我国现有的关于职业病诊断和鉴定方面的制度和法律规定的基础上，分析产生这一事件的各种原因，从避免类似事件再次发生的角度，提出完善我国职业病诊断和鉴定制度的一些思考和建议，供国家有关部门及立法机关在修改和完善相应制度和法律规定时参考。

二、我国现有职业病诊断和鉴定制度所存在的弊端

一般说来，根据我国现行的《中华人民共和国职业病防治法》以及《职业病诊断与鉴定管理办法》的规定，职业病的诊断和鉴定实行属地化管理，也就是说当职工怀疑自己患上职业病时应该也只能由用人单位所在地、劳动者户籍所在地以及经常居住地的职业病诊断部门（系省级卫生行政部门批准的卫生医疗机构）进行诊断，如职工对该职业病诊断有异议的，可以向作出诊断的医疗卫生机构所在地的地方人民政府卫生行政部门申请鉴定。由后者根据该职工的申请，组织职业病诊断鉴定委员会进行鉴定。如该职工对该职业病诊断鉴定委员会的鉴定结论不服的，可以向省、自治区、直辖市人民政府卫生行政部门申请再鉴定，这个鉴定即是最终鉴定。在上述职业病诊断和鉴定过程中要求用人单位予以配合，即应当提供劳动者职业史和职业病危害接触史（包括在岗时间、工种、岗位、接触的职业病危害因素名称等）、劳动者职业健康检查结果、工作场所职业病危害因素检测结果、职业性放射性疾病诊断还需要个人剂量监测档案等资料以及与诊断有关的其他资料。

这些规定在“开胸验肺”的张海超事件中[①]便凸显出了它的致命缺陷和弊端。

第一，职业病诊断工作由省级卫生部门批准的一家或几家医疗机构进行垄断不合理。虽然卫生部门在批准这些医疗机构从事职业病诊断工作时也是比较慎重和需要严格审查的，但这些被批准的个别医疗机构的诊断能力并不能保证其对职业病与其他疾病作出准确的判断，这在张海超案例中表现得淋漓尽致：尽管郑州和北京的一些大医院都一致认定张海超所患的是“尘肺病”，甚至张海超在郑州大学第一附属医院做了“开胸验肺”手术后，被指定的职业病诊断机构——郑州市

① 生活观察.“开胸验肺”悲剧折射职业病维权困境［EB/OL］. http://news.xinhuanet.com/life/2009-07/19/content_11730719.htm.

职业病防治所仍固执而高傲地认为：其他医院没有认定资格！张海超就是肺结核而不是职业病！最后在媒体以及卫生部的压力下，郑州市职业病防治所在有关专家的指导下重新对张海超进行了诊断，结论是：张海超患上的是职业病——尘肺病，而且由于延误了治疗时间已经发展到了尘肺病三期！我们可想而知，如果没有媒体以及上级的压力，张海超很难被郑州市职业病防治所认定为职业病。这一个案极具普遍性，全国每年有无数个像张海超一样的职业病患者被垄断的职业病诊断机构误断为非职业病。

另外，根据《职业病诊断与鉴定管理办法》第 19 条的规定，劳动者可以选择用人单位所在地、本人户籍所在地或者经常居住地的职业病诊断机构进行职业病诊断；对于患病的职工来讲，只能选择用人单位所在地或本人户籍以及经常居住地的职业病诊断机构进行诊断。这种严格的属地化管理的措施必然导致出现以下情形：如果当地的职业病诊断机构认定不是职业病，其他医疗机构包括外地的职业病诊断机构认定是职业病也是无效的。属地化管理有其一定的合理性，但遇到疑难病症或者职业病诊断机构和用人单位存在利益交易情形时，患病职工就会面临着无奈的选择。

第二，要求用人单位在职业病诊断时提供有关的资料以“自证其罪”是不现实的。为了准确认定是否是职业病，根据《职业病诊断与鉴定管理办法》第 21 条的规定，申请职业病诊断时应当提供：“（一）劳动者职业史和职业病危害接触史（包括在岗时间、工种、岗位、接触的职业病危害因素名称等）；（二）劳动者职业健康检查结果；（三）工作场所职业病危害因素检测结果；（四）职业性放射性疾病诊断还需要个人剂量监测档案等资料；（五）与诊断有关的其他资料。”用人单位和有关机构应当按照诊断机构的要求，如实提供必要的资料。让用人单位提供相关的劳动者职业史、职业病危害接触史、劳动者职业健康检查结果等资料是必要的；但用人单位为了自己的利益，尤其在此前的健康检查中已经获悉职工可能或者已经患上了职业病，以种种理由拒绝提供这些资料是非常可能发生的，正如本案中的用人单位郑州振东耐磨材料有限公司所做的那样。

第三，职业病的鉴定程序不完善。当然，根据现行的法律规定，张海超如对郑州市职业病防治所的诊断结论不服，还可以申请鉴定以及再鉴定，申请对象是当地的市级以及省级卫生行政部门，由后者组织职业病诊断鉴定委员会进行鉴定。

但众所周知，职业病诊断机构就是由省级或以上卫生行政部门批准的，后来的鉴定多数情况下是走走形式，最终大都会维持职业病诊断机构的认定结论。本案中的张海超在做“开胸验肺”手术之前也申请了鉴定[①]，时间是2009年6月9号上午，他带着需要鉴定的六七千块钱（向别人借的），还有申请材料，去郑州市职业病鉴定委员会准备做这个鉴定。当时他发现职业病鉴定委员会跟郑州市职业病防治所在一个办公楼上班。刚开始工作人员劝他说郑州市职业病防治所不可能误诊，让鉴定机构推翻原来的结论是不好办的，好像拿自己的手打自己的脸。听到这样的劝说，张海超对于鉴定便失去了信心，直接去了郑州大学第一附属医院要求医生为其做“开胸验肺”手术。我国这种职业病鉴定程序很显然是存在极大的问题的：首先，职工在申请职业病鉴定时会遇到材料不全的情况。因为我国的《职业病诊断与鉴定管理办法》第44条规定：当事人申请职业病鉴定时，应当提供以下材料：“（一）职业病鉴定申请书；（二）职业病诊断证明书，申请省级鉴定的还应当提交市级职业病鉴定书；（三）卫生行政部门要求提供的其他有关资料。”第45条规定，职业病诊断鉴定办事机构应当自收到申请资料之日起五个工作日内完成材料审核，对材料齐全的发给受理通知书；材料不全的，通知当事人补充。根据上述规定，和职业病诊断同样，职业病鉴定也要求职工提供职业史等材料，如果职工不能提供，则必然面临着不予受理的结果。其次，职业病诊断机构与卫生行政部门存在着千丝万缕的联系。当初卫生行政部门在批准职业病诊断机构时，由于法律没有规定公开的程序而存在着暗箱操作的极大空间和可能，最后往往是那些与卫生行政部门有密切关系的医疗单位能够被批准。同时在鉴定过程中极有可能出现参与鉴定的部分专家就是职业病诊断机构的工作人员；虽然有回避制度的制约，但职工往往缺乏对于此类信息的关注，故很难通过鉴定程序纠正可能出现的故意错误诊断或失误。

三、我国现有职业病诊断和鉴定制度所存在弊端的社会根源分析

改革开放以来，我国社会发生了巨大的变化，尤其是经济体制由原来的计划经济体制向市场经济体制转变，这两种不同的经济体制在运行模式、调整手段等

① CCTV《新闻会客厅》2009年7月29日播出《张海超：开胸验肺的自救之路》。来源：http://news.ifeng.com/society/5/200907/0730_2579_1275895.shtml.

方面存在着极大的差异；在市场经济条件下，原来“一大二公”的国有企业的所有制体制也发生了变化，社会上出现了大量的民营企业、股份制企业以及外资企业，这些企业的所有者和股东以及管理者有着追求利润最大化的特征。但我国很多的劳工政策还沿用旧思路——管理国有企业的模式，比如上述分析的职业病诊断和鉴定程序中出现的问题，职业病诊断和鉴定机构在诊断和鉴定时要求用人单位提供相关的证明材料，这在以前国有企业中可以行得通。因为国有企业的管理者和职工一样都是国家的“打工者”，对利润的追求不像民营企业那样强烈、苛刻；而且国有企业一般都为职工缴纳了工伤保险，即使职工被诊断或鉴定为职业病，企业也不用付出太多成本。但很多民营企业为了节省成本，不为职工缴纳工伤保险，一旦自己的职工被诊断患上了职业病，便会被劳动行政部门认定为工伤，这样自己就要承担不菲的工伤待遇支出。所以在这种情况下让其提供有损利润实现的劳动者职业史等资料是不可能的。

四、完善我国职业病诊断和鉴定制度的建议

职业病诊断和鉴定是一项极其重要的制度，现行这套明显带有计划经济时代烙印的制度已经到了必须修改的地步了，应该因应市场经济发展的情形和需要，针对我国企业的劳动关系已经从利益一致型向利益协调型转变的现状，制定一套完善的职业病诊断和鉴定制度。为此笔者提供了三点建议。

（一）职工申请选择职业病的诊断机构应具有一定的灵活性

不可否认，职业病的诊断是一项专业性极强的业务，确定职业病诊断机构确实需要慎重，卫生行政部门的把关以及用人单位的配合也的确很有必要。笔者认为，对于职业病的诊断，卫生行政部门可以根据当地有关医疗机构的资质和社会评价，在采取公开招标的方式下，确定一至几家作为职业病诊断的专业机构，但不能形成垄断，即当有关当事职工和用人单位对其结果表示异议时，应当允许其向社会上其他的医疗机构，尤其是比专业诊断机构资质较高的医疗机构申请再次诊断。如果双方对此再不服，可以在卫生行政部门的主持下，当事双方共同选择一家外地（省、自治区、直辖市以外）的职业病专业诊断机构或同等资质的医疗机构进行最终诊断。这样的程序设计可以在很大程度上避免职业病诊断的错误，

同时也防止了职业病诊断机构因与用人单位之间存在可能的利益交易关系而作出不利职工的诊断结果。

（二）应将负责职业病诊断机构批准工作与组织鉴定工作的卫生行政部门分离

鉴定工作的目的是为了纠正诊断的错误，负责鉴定的部门或机构应与职业病诊断机构保持一定的距离就很有必要。但现实生活中职业病诊断机构与负责批准或鉴定的卫生行政部门存在着千丝万缕的联系，并且鉴定工作在很多情形下只是走走形式。针对这一问题，笔者认为，首先，应将职业病诊断机构的批准权力下放到市级（设区的市）卫生行政部门，因为后者更了解本地的医疗机构的医疗条件和水平；其次，如果职工或用人单位对诊断结论不服，可以提出鉴定申请，该鉴定申请应向省级卫生行政部门提出，由后者组织有关专家进行鉴定；并且发生职业病事件的该市的专家不能参与这一鉴定工作；对该鉴定结论再不服，可以向卫生部提出再次鉴定，该鉴定结论即为最终鉴定。如果发生职业病事件的城市是省会城市，该鉴定应直接向卫生部提出，由后者组织鉴定，该鉴定为最终鉴定。

（三）职业病诊断和鉴定申请所需材料应由用人单位提供

如上所述，由于用人单位的不配合，很多职工在申请职业病诊断和鉴定时因缺乏相关的材料而得到不予受理的结果。针对这一情形，笔者认为，应借鉴劳动争议案件仲裁和司法处理程序中“举证责任倒置”的原则，即规定只要劳动者提出职业病申请，相关用人单位需提供有关诊断和鉴定所需的由用人单位保管的材料；否则，如用人单位拒绝提供，可以直接认定为职业病。

人民陪审员制度改革中的事实审与法律审问题研究

——兼论陪审员履职能力提升

韩晓晨*

摘　要　人民陪审员制度改革明确了“事实审”与“法律审”的分离原则，人民陪审员“不再审理法律适用问题，只参与审理事实认定问题”的职权调整顺应了陪审员履职能力的现实情况和审判活动的客观需求。本文以此为背景，由事实审与法律审合并模式下的陪审制困境着手，分析了陪审员剥离法律审职权的必要性，并通过对域外陪审制中陪审员职权的比较法研究，探究了我国陪审员事实审的可行模式，继而对事实审与法律审分离后的司法实践，尤其是人民陪审员履职能力的提升提出了制度建议。

关键词　人民陪审员　事实审　法律审　问题列表

人民陪审员制度作为中国特色社会主义法治的重要组成部分，是中国特色社会主义民主政治在司法领域的集中体现，是司法民主价值观在审判活动中的生动实践，在发扬司法民主、吸纳社情民意、促进司法公正和缓解司法资源不足等方面发挥了积极作用。但是，受制于制度设计的局限、陪审员履职能力的制约和实施过程的异化，人民陪审员制度日渐暴露出“陪而不审，审而不议”等诸多弊端，陪审员“与法官享有同等权利”的制度构建形同虚设，饱受理论和司法实务界诟病。

2014 年 10 月 23 日，《中共中央关于全面推进依法治国若干重大问题的决定》明确提出“逐步实行人民陪审员不再审理法律适用问题，只参与审理事实认定问

---

* 韩晓晨，法律硕士，北京云通律师事务所律师。

题”，在政策层面明确了人民陪审员制度事实审与法律审分离的改革方向。

2015 年 4 月 24 日，中央全面深化改革领导小组审议通过《人民陪审员制度改革试点方案》；2015 年 5 月 20 日，最高人民法院、司法部共同制定并印发了《人民陪审员制度改革试点工作实施办法》（以下简称《实施办法》），明确“人民陪审员应当全程参与合议庭评议，并就案件事实认定问题独立发表意见并进行表决。人民陪审员可以对案件的法律适用问题发表意见，但不参与表决”，由此确立了人民陪审员“法律审”与“事实审”的分离原则。

一、事实审与法律审合并模式下的参审制

“法律审”与“事实审”的离析，在微观层面上意味着陪审员与审判员庭审角色与职权边界的重构，在宏观层面上，则预示着人民陪审员制度由本质上的参审制向真正意义上的陪审制的回归。

目前，普通公民直接参与司法审判的模式主要分为英、美等普通法系国家的陪审制和日、德、俄、法等大陆法系国家的参审制两种。两种制度的核心区别在于陪审员在审判活动中的职权不同：陪审制中，审判权被区分为事实认定和法律适用两部分，陪审员独立对案件事实进行认定，法官独立对法律适用进行判断，二者互无交叉；而参审制中，审判权未被分割，参审员享有与法官同等或高度重叠的权力，包括但不限于参加庭审、参与合议、认定事实和决定法律适用等。与此相适应，陪审制下的陪审团的成员选任系从适格人群中抽选，任期随案件审理完毕而结束，而参审制下的参审员则往往经过相对严格的选任程序和培训，并有 2—5 年的固定任期。由此观之，我国长期以来的人民陪审员制度更类似参审制，有些学者则将其认定为中国特色的人民陪审制。

二、合并事实审与法律审的困境

（一）有违陪审制度的构建初衷

“法律的生命不在于逻辑，而在于经验”，人民陪审员制度构建的根基即在于，通过在审判程序中吸纳作为普通民众代表的人民陪审员，借助其丰富的生活经验、非法律专业知识和对社情民意的了解，平衡司法专业化、精英化可能带来的司法

专断和惯性思维。但是，在高度专业性的审判活动中将法律审和事实审合并作为人民陪审员的职权范围，必然增加了审判权滥用错用的风险，因为“超越其知识范畴的判断或决定权不可能有权威，甚至沦为有专业优势的职业法官的傀儡”[①]，与陪审制公平正义的价值追求背道而驰。

（二）造成人民陪审员履职虚化

虽然根据《最高人民法院关于人民陪审员管理办法（试行）》的规定，初任人民陪审员上岗前应当接受履行职责所必备的审判业务知识和技能培训，包括审判职权、职业道德、审判纪律、司法礼仪、法律基础知识和基本诉讼规则等，但此种简短的培训，远不足以使人民陪审员在法律适用问题面前形成完整独立的判断并行使表决权，反而有可能使其在法官的专业权威面前沦为附庸。

因此，“人民陪审员与法官享有同等权力”只能是人民民主政治期望在司法领域的折射，其长期以来的实践效果已经证明，人民陪审员法律审与事实审合并缺乏现实可行性。推进司法和审判制度改革，势必要对人民陪审员的审判权力进行重新配置。

三、陪审员职权的域外法比较

（一）英美法系陪审制下的陪审员职权

1. 英国

作为陪审制度的滥觞，英国通过17世纪的Bushell案确立了陪审团独立认定案件事实的职权。[②]在审理范围方面，陪审员审理刑事案件，作出被告是否有罪的裁判，此外还审理部分民事侵权案件，作出被告是否存在侵权行为的裁判，并决定损害赔偿的金额。在庭审程序方面，法官要向陪审团解释各自职责、一般举证责任分配，以及总结证据、解释法律，在复杂案件中还须向陪审团提供问题清单或者书面指示。[③]陪审团在充分了解双方当事人及其律师的证据和观点，并听取法

---

① 傅郁林. 改革符合陪审制价值诉求［N］. 法制晚报，2016-06-28.

② 张卫平. 大陆法系民事诉讼与英美法系民事诉讼——两种诉讼体制的比较分析［J］. 法学评论，1996（5）：74.

③ 李昌林. 民众参与刑事审判比较研究［M］. 北京：人民出版社，2007：84-86.

官关于证据的总结后退庭，进行秘密评议，在此过程中，陪审团不得与包括法官在内的任何人进行案情交流，其评议内容属于绝对机密。通过以一致裁决为主、多数裁决为辅的原则达成一致裁决后，陪审团即回法庭宣布其对案件事实的裁判，法官必须接受陪审团的裁判，且陪审团无须就其裁判作出解释。但若陪审团未能在限定时间内达成一致裁决，即被解散，而案件将另行组团重新审理。

2. 美国

美国的陪审团有大陪审团和小陪审团之分，前者通常由 23 名陪审员组成，有一定的任期，可以在任期内审理若干案件；小陪审团则由 12 名陪审员组成，根据特定案件随机组团，案件审理完毕即告解散。在审理范围上，大陪审团只审理刑事案件的事实问题，不受法官干预地独立裁判被告是否犯有公诉方指控的罪名，进而决定是否对被告进行起诉；小陪审团除刑事案件的事实审理之外，还审理诉争数额超过 20 美元的民事案件，裁判被告是否存在侵权行为，并决定损害赔偿的金额。在审理程序上，若陪审团在刑事案件中裁定被告有罪，则法官适用法律进行量刑；若陪审团裁定被告无罪，则法官宣布被告无罪释放。但当陪审团滥用权力，作出明显不合理的事实认定时，法官可以享有推翻陪审团裁决的权力。[①]

（二）大陆法系参审制下的陪审员职权

1. 德国

德国是大陆法系国家参审制的典型代表。在适用参审制的案件中，参审员与职业法官享有同等的职权，共同评议案件、认定事实和法律适用的所有问题，并就审理结果享有与法官同等的投票权重。然而，与我国相似，由于参审员为不具备法律专业背景的普通公民，缺乏法律适用所需的专业能力，往往无法作出独立的法律判断，其审判职权亦会被架空。

2. 法国

法国的参审制度仅适用于量刑在 10 年以上的刑事案件。参审员与职业法官共同决定案件事实认定和法律适用，二者职权无明确划分。在审理程序上，参审员在庭审全过程中均有权向审判长就被告人和证人提出问题，但只有审判长有权

---

① 美国《联邦宪法修正案》第 7 条规定：“在习惯法诉讼中，争执价额超过 20 美元者，由陪审团审判的权利应予以保护；案情事实经陪审团审定后，除非依照习惯法的规则，合众国的任何法院不得再行审理。”

向被告人和证人直接发问。[①] 在合议阶段，审判长围绕被告人“是否有罪”和“如何量刑”问题与参审员进行交流，评议证据，并答复参审员的提问，共同形成对事实的心证。之后，审判长与参审员通过同等权重的秘密投票，共同对被告人定罪量刑。

此外，法国还创设了大陆法系国家的陪审员问题列表制度，其雏形始见于1796年由梅林（Merlin de Douai）编撰的《犯罪与刑罚法典》，并在之后的司法实践中不断完善。在其现行的问题列表制度中，审判长围绕起诉书中每一个定罪情节和加重情节，分别制作“案件主要问题”和“加重情节问题”列表，在合议阶段对陪审员宣读，请陪审员作出是或否的事实判断。[②] 如果辩方提出的减轻或免除刑罚的理由被法庭援引，则审判长还须对每一项免除刑罚或减轻刑罚的事由单独向陪审团提出问题。提问的规则和方式均由法国《刑事诉讼法》详细载明。[③] 虽然合议和投票是秘密的，但案件的各方当事人均有权阅读陪审团对问题列表的回答，从而可在一定程度上了解陪审团作出定罪量刑的逻辑过程。我国最高人民法院《实施办法》第23条中所载的“案件事实问题清单”即是以此制度为蓝本的。

3. 日本

日本的陪审员制度中，陪审员与职业法官共同对有罪、无罪和量刑进行审理和裁决，但对于法律解释和司法程序等无法由陪审员判断的问题，则仅由职业法官行使职权。此种制度，相当于不完全的参审制，是在大陆法系参审制基础上融合英美法系陪审制部分特征进行改良的产物。

四、陪审制中事实审与法律审的分离

事实审与法律审并非诉讼法学领域的术语，而是学界和实务界为了便于概括和区分职业法官与陪审员的职权分工，以及不同审级中法院对案件的审查范围，而使用的概念符号，分别指代审判活动中“查明事实”和“适用法律”两项基本任务。长期以来，虽然事实审与法律审被设定为一对相互对立的概念，但关于二者的界限，尚无共识的标准。英美法系虽以陪审员与法官的职权分工为其司法体

① 邓宇. 法国的陪审制度［N］. 人民法院报，2014-10-10.

② 施鹏鹏. 陪审制研究［M］. 北京：中国人民大学出版社，2008：141.

③ 法国刑事诉讼法典［M］. 罗洁珍，译. 北京：中国法制出版社，2006：248-249.

系的重要基础，却并未建立统一的规则可以“无差错地将事实认定和法律结论区别开”①，而大陆法系法治发达的国家，如德国和日本，似乎也未形成清晰可见的划分标准。② 实际上，事实问题与法律问题的界定一直以来均是存在争议的难点，因为“所有的法律均与事实相关，法律与事实共存亡”③，如正当理由、合理期间和过失行为的认定，其中事实认定与法律问题的判断往往并非泾渭分明。

笔者以为，事实问题是指探寻本案发生过或将要发生的行为、事件、行为人的主观意愿或其他心理状态时所产生的问题，具有客观实在性，能够用外在的证据来证明其“是否存在”和“何种状态”；法律问题则是对已认定的事实，如何运用法律规则、法律原则、法律精神和法律价值等进行评价的问题，具体形式包括诉讼程序、证据能力、法律适用、法条解释、罪名选择和量刑确定等。④ 换言之，即那些能够并需要使用证据加以证明的客观存在情况，即属于案件的事实问题，而那些不需要借助证据佐证，只需要司法者运用法律思维和法律解释等进行判断评定的问题，则属于法律问题。

我国陪审制度改革明确人民陪审员只审理事实问题、不审理法律问题，有利于发挥普通民众参与司法的真正优势，找准人民陪审员在司法活动中的功能定位，切实提高其在审判活动中的参与度和效率。

五、对事实审与法律审分离的制度建议

（一）探索重大案件大合议庭陪审机制

纵观域外陪审制度，采用事实审与法律审分离模式的国家，往往设置人数较多的陪审团，通过扩大公民参与基数，纠正陪审员个人立场和认识偏差对事实认定结果的干扰。我国最高人民法院、司法部印发的《实施办法》第 15 条规定，适用人民陪审制审理第一审重大刑事、行政、民事案件的，人民陪审员在合议庭中的人数原则上应当在 2 人以上，同样体现了审慎认定案件事实的考量。我国陪审

---

① 陈杭平. 论“事实问题”与“法律问题”的区分［J］. 中外法学，2011（2）2：323.

② 傅郁林. 审级制度的建构原理——从民事程序视角的比较分析［J］. 中国社会科学，2002（4）.

③ 吴经熊. 法律的三度论［C］//吴经熊. 法律哲学研究. 北京：清华大学出版社，2005：17-18.

④ 贺小荣，何帆，危浪平.《人民陪审员制度改革试点工作实施办法》的理解与适用［N］. 人民法院报，2015-05-22.

制度改革将事实审与法律审分离后，应探索重大案件由多名人民陪审员参与庭审的“大合议庭”机制，以促进对案件事实更为深入的讨论。但须注意的是，由于法官负责法律问题的审理，当法官人数唯一时，无法排除其个人因素对审判公正的影响；如法官人数为双数，当法官无法就法律适用问题达成一致意见时，将无法形成评议结论；而由于陪审员与法官共同就事实问题形成认定，故合议庭总人数亦应为单数。因此，若人民陪审员在合议庭中占 2 人以上，则合议庭组成通常应为“2 名人民陪审员+3 名法官”“4 名人民陪审员+3 名法官”或“6 名人民陪审员+3 名法官”的大合议庭。

目前，已有一些人民陪审员制度改革试点法院在积极探索大合议庭制度，如厦门市海沧人民法院已经出台《关于建立参审团制度的实施方案（试行）》和《参审团工作规范（试行）》，并首次引入此类制度审理一例存在争议的刑事案件，取得了良好的社会效果。

（二）充分发挥法官对人民陪审员的指示与释明作用

法官对人民陪审员的指示与释明作用，是事实审与法律审分离机制的组织保障。《实施办法》第 21 条规定，合议庭评议时，审判长应当提请人民陪审员围绕案件事实认定问题发表意见，并对与事实认定有关的证据资格、证据规则、诉讼程序等问题及注意事项进行必要的说明，但不得妨碍人民陪审员对案件事实的独立判断。该规定初步确立了我国陪审指示制度的雏形。实际上，人民陪审员的非法律背景和审判活动的专业化属性，势必要求法官将庭审指示贯穿诉讼活动的全程，包括但不限于在庭前阅卷阶段，就案涉争议焦点和相关法律法规向人民陪审员作必要的指示，以提升庭审效率，以及在庭审过程中就事实与法律问题的区分、法官和人民陪审员的职责分配与责任分配、诉讼程序等向陪审员作出指示，并引导人民陪审员围绕事实认定向当事人发问，就事实问题形成心证。陪审指示应采用“易于了解”的言辞原则[①]，避免引起陪审员的混淆和误解，导致事实认定错误。同时，所有陪审指示均应以书面形式如实笔录，以免法官以不当的陪审指示误导或干扰陪审员行使职权。

---

① 周欣，陈建新，聂玉磊. 论法官指示制度之构建——兼论《最高人民法院关于人民陪审员参加审判活动若干问题的规定》第 8 条之适用［J］. 现代法学，2011（3）：167.

（三）切实推进事实认定问题清单列表制度

继《实施办法》第23条后，最高人民法院贺小荣等在《〈人民陪审员制度改革试点工作实施办法〉的理解与适用》中提出，由审判长归纳、提供待议事实问题清单。此方式类似法国的问题列表制度，将事实问题与法律问题的区分交由审判长决定，陪审员仅须参与事实问题的评议和表决即可。问题列表的制作，主要涉及被告人犯罪或侵权等违法的构成要件、相关违法性阻却事由、法定加重或减轻情节等问题。如对于刑事案件的问题列表，可以参照《俄罗斯联邦刑事诉讼法典》第十二编的规定，由人民陪审员主要对“行为的发生是否已经得到证明”“行为系被告人所实施能否得到证明”和“被告人对该行为的实施是否存在罪过”三个方面进行回答。[①] 在此三类问题之下，再根据控辩双方提供的证据，就每一案涉事实进行细化问答。但此种模式尚存有一定局限性，即将复杂难辨的事实和法律问题交由审判长一人决定，过分倚赖其个人专业判断，容易形成审判长权力的过度扩张和专断。

（四）提升陪审员事实认定能力

提升陪审员事实认定能力，是确保其正确行使审判职权的前提条件。一方面，可探索建立专业陪审员制度，根据案件需要、安排具有相应领域职业技能和工作经验的人民陪审员参与案件审理，有利于发挥陪审员专业优势，提升事实认定效度，提升陪审员参与度和使命感。另一方面，加强人民陪审员业务培训，通过专题学习、案例研讨和模拟法庭等形式，多措并举，提高陪审员在法官引导下认定案件事实、独立发表意见的能力。

---

① 刘宇晖．价值多元化与我国人民陪审团制度的构建——基于英、俄、日陪审制改革的思考［J］．河北法学，2002（9）：124．